Cómo empezar a operar en Forex Online

La Guía Completa para Convertirse en Trader desde Cero. Incluyendo Estrategias Aprobadas y Fácilmente Replicables

John Fazio

Copyright

lector hará que cualquier acción resultante sea responsabilidad exclusiva del lector. El editor o el autor original de esta obra no se responsabilizan en modo alguno de las dificultades o daños que puedan sufrir tras seguir la información aquí descrita.

Además, la información contenida en las páginas siguientes tiene carácter meramente informativo, por lo que debe considerarse universal. Como corresponde a su naturaleza, se presentan sin garantías en cuanto a su validez prolongada o su calidad provisional. Las marcas comerciales que se mencionan se hacen sin consentimiento por escrito y no pueden considerarse en modo alguno una aprobación por parte del propietario de la marca comercial.

§§§

Impresión y distribución: tredition GmbH, An der Strusbek 10, 22926 Ahrensburg - Alemania

ÍNDICE

TRADING EN LÍNEA: DE 0 A TRADER

CAPÍTULO 1: QUÉ ES LA BOLSA

En cualquier negocio o empresa comercial, la preparación y el conocimiento son las claves del éxito. Sin este tipo de visión, intentar tomar una decisión financiera rentable sólo puede acabar en desastre y fracaso, independientemente de tu nivel de motivación y determinación o de la cantidad de dinero que pienses invertir.

En el mercado de valores, esta regla se aplica a la enésima potencia, ya que estás invirtiendo tu dinero en lo que podría considerarse una apuesta de alto riesgo, y estás jugando con fuego si no tienes al menos un conocimiento básico general de cómo funciona. Puesto que tener una formación en cualquier área es útil para guiarte por un camino en esa región concreta, cuanto más sólida sea tu base de conocimientos de inversión, más probabilidades tendrás de beneficiarte de cualquier intento de operar en el mercado abierto.

En muchos sentidos, operar en bolsa puede compararse a conducir: no tienes que ser un experto para ponerte al volante de un coche, aunque se espera que tengas ciertos conocimientos previos de las leyes de tráfico básicas, incluidas las infracciones de circulación, las normas de seguridad y otras infracciones legales de los vehículos, que se aprenden mediante estudios y cursos específicos o incluso mediante alguna forma de simple exposición (como los años que pasaste conduciendo con tus padres y otras personas que llevan años conduciendo). Deberías ser capaz de comprender las herramientas básicas que se utilizan para conducir un coche (dónde está el pedal del freno en relación con el acelerador, y cómo utilizar el espejo retrovisor, por ejemplo), aunque nunca hayas tocado un volante.

Lo mismo se aplica a la entrada en el mercado de valores. Aunque no es necesario que conozcas toda la terminología (inicialmente no venderás en corto ni determinarás tus posiciones largas y cortas, por lo que no es necesario que entiendas completamente estas referencias, aunque deberías conocerlas), sin duda debes estar familiarizado con la funcionalidad básica de la negociación de acciones, bonos, valores y otras materias primas. Y como quien se pone al volante de un coche y se dispone a pisar el acelerador por primera vez, debes empezar con cautela y avanzar poco a poco. Los conductores noveles primero colocarán los retrovisores a su gusto, luego pondrán el coche en marcha, buscarán cualquier interferencia con el tráfico y soltarán el pedal del acelerador, sin pisarlo nunca y probando el motor al salir por la puerta en el primer intento. Del mismo modo, al seleccionar tu primera inversión, debes elegir algo estable con pocas fluctuaciones y no invertir una gran suma de dinero en esta primera aventura.

Cuando una persona está aprendiendo a conducir, estará acompañada por otra persona que tenga más experiencia y pueda ayudarle a tomar mejores decisiones al volante y ofrecerle correcciones que le ayuden a aprender a manejar el coche con más eficacia. En el mercado de valores, hay agentes de bolsa y otros expertos que pueden darte información y consejos para ayudarte a aumentar tus conocimientos sobre las materias primas que te interesan, esencialmente "guiándote" hacia mejores decisiones de compra y venta en el mercado de valores.

Podrías pasarte horas y horas investigando el mercado bursátil y su funcionalidad, aprendiendo cómo participar en el comercio y con quién contactar para entrar en el juego, especialmente si tu interés es el mercado de divisas, que supera con creces el nivel de complicación del mercado bursátil nacional. Sin embargo, en este libro encontrarás toda la información básica que necesitas para iniciar el camino hacia el éxito en el trading. Todo el trabajo y la investigación se han hecho por ti, reuniendo datos y conocimientos en una única fuente de la que puedes obtener suficiente información para convertirte en un operador de éxito en el mercado abierto. Todo lo que tienes que hacer es seguir leyendo para adquirir conocimientos y sabiduría, paso a paso, que te llevarán a un embriagador nivel de éxito. En este libro electrónico encontrarás toda esta información útil, reunida en una sola fuente para facilitar su consulta.

Cómo funciona la inversión

Siempre que pongas tu dinero en un fondo, es buena idea empezar por entender en qué estás comprando. El mercado de valores es una entidad complicada, y hacer un mínimo de trading requiere una buena cantidad de conocimientos básicos, así como comprender y aceptar el alto factor de riesgo. Cuanto más sepas de antemano sobre la funcionalidad del sistema, menos probabilidades tendrás de recibir un duro golpe y acabar con una pérdida devastadora.

En primer lugar, y probablemente lo más importante en el negocio del trading, debes entender qué son realmente las acciones. Cuando compres o vendas una acción en el mercado abierto, debes tener en cuenta que estás tratando con objetos reales, no con trozos de papel; estás comprando y vendiendo partes reales de una empresa concreta, su producto u otra mercancía diversa.

Poseer una "acción" significa que realmente has comprado la empresa o el producto en cuestión y te has convertido en propietario parcial de ese activo. Por supuesto, puede que seas uno de los millones de accionistas, ya que la mayoría de las empresas y productos se dividen en pequeñas partes del todo, pero se te sigue considerando inversor en esa empresa o producto hasta que vendas tus acciones.

Piensa que es como pagar un bidón de gasolina en el coche que te compraron tus padres para que condujeras. Puede que incluso hayas comprado el filtro de aceite que se puso en el coche, y puedes pensar que esta inversión te convierte en copropietario. Sin embargo, cuando miras el coste total del coche, en realidad contribuiste muy poco a esa cantidad. Sin embargo, mientras sigas invirtiendo en gasolina para el coche y te ocupes de las necesidades de mantenimiento, puedes reclamar la propiedad parcial del coche.

Como el valor de una empresa y de sus productos o servicios puede fluctuar continuamente, el valor de las acciones que poseas no será el mismo de un día para otro y a veces puede incluso cambiar cada hora. Cuando el precio por acción baja y se considera bajo, es el momento ideal para comprar. Es la forma menos costosa de empezar tu aventura bursátil, y trabajar con un corredor de bolsa te permitirá obtener más información sobre qué acciones están maduras para la compra en cada momento.

Al hacerlo, te conviertes en accionista, y el valor de tus participaciones fluctuará de un día para otro. Tu apuesta (¡y esperanza!) es que el valor de la empresa o producto en el que has invertido aumente o repunte desde el bajo precio al que hiciste tu compra. Éste es el objetivo de todos los operadores y significa que tus acciones tendrán más valor.

A medida que aumenta el valor de tus títulos, también lo hace tu patrimonio neto. Cuando el precio de las acciones que posees alcanza un punto alto, es el momento de vender, obteniendo un beneficio de tu inversión original. Lo ideal es que siempre vendas tus acciones a un precio razonablemente superior al importe de compra y que nunca vendas cuando el valor actual de las acciones sea inferior a tu precio de compra inicial. Es importante que te asegures de no incurrir intencionadamente en pérdidas netas, porque hay muchas ocasiones en las que puede que tengas que incurrir en pérdidas.

Por ejemplo, si compras acciones de una empresa a veinte dólares cada una, nunca debes venderlas a dieciocho dólares cada una. Si es posible, debes esperar a que valgan unos cuarenta dólares cada una, duplicando así tu dinero. Por supuesto, esto es sólo un ejemplo, y no todas las acciones duplicarán alguna vez su valor, pero la ilustración es significativa.

Hay otras formas más complejas de invertir en bolsa. Sin embargo, al igual que para aprender a montar en bicicleta, es mejor no hacer el primer intento sin ruedines.

Cómo tomar decisiones al principio

Vuelve a la guía como referencia. Cuando empiezas a conducir, no entras en la autopista y conduces el coche a velocidades de sesenta a setenta kilómetros por hora. En su lugar, quédate en zonas residenciales o al menos en la carretera de acceso, donde hay menos presión para mantener una velocidad tan alta. En el mercado de valores, también querrás mantenerte alejado de las acciones caras o de las inversiones extremadamente volátiles hasta que te sientas muy cómodo con el proceso de negociación.

Existen pequeñas oportunidades de inversión llamadas "penny stocks", que te ayudarán a poner a prueba tus piernas marinas y hacerte una idea de cómo funciona el mercado de valores antes de invertir grandes sumas de dinero y arriesgarte a una gran pérdida financiera. Estas acciones concretas cuestan literalmente céntimos o pequeñas cantidades de dólares y suelen fluctuar sólo fracciones de céntimo en un día determinado, lo que las hace extremadamente seguras para los que empiezan.

Una vez que le cojas el truco y puedas juzgar mejor las tendencias del mercado, podrás pasar cómodamente a áreas más complicadas y aventureras del mercado. Es como quitarle las ruedecillas a la bicicleta o entrar en la autopista por primera vez a una hora del día en la que no hay tráfico.

Ten en cuenta que, igual que puedes caerte de la bicicleta una o dos veces y acabar con algunos rasguños y magulladuras, puedes perder dinero en una inversión aquí y allá. Esto es muy típico, e invertir en bolsa es muy parecido a apostar. En el póquer, no se puede esperar ganar todas las manos, y lo mismo se aplica al mundo de la inversión. Aprender a observar las tendencias del mercado, sin embargo, es similar a observar otros coches al incorporarse al tráfico y determinar la velocidad correcta y la proximidad a otros coches para una seguridad óptima. Un estudio tan diligente puede ayudarte a mejorar drásticamente tus estadísticas en poco tiempo.

CAPÍTULO 2: TENDENCIAS DEL MERCADO DE VALORES

Comprender las tendencias bursátiles puede facilitarte mucho el trabajo de ganar dinero en el mercado. Por el contrario, saber poco o nada sobre estas tendencias puede causar graves pérdidas.

Toros y osos

A medida que uno profundiza en el mercado y aprende más sobre su funcionamiento, empieza a oír ciertos términos sobre tendencias de marketing que parecen repetirse una y otra vez. Las tendencias del mercado son variables y volátiles, tanto a diario como durante largos periodos de tiempo. En el pasado, por ejemplo, EEUU ha sufrido devastadoras caídas del mercado de valores, pero debido a la libertad de una sociedad capitalista, la economía estadounidense siempre se ha recuperado al final.

¿Qué significa el rebote del mercado o de una acción concreta? Suponiendo que el valor de una empresa o de sus acciones se haya desplomado hasta un nivel que parece irrecuperable, dejándola prácticamente sin valor, se puede tener la impresión de que esa empresa está en peligro de quiebra y de quedar totalmente fuera del alcance de los mercados de libre comercio. Sin embargo, de repente, el fundador de esa empresa puede introducir un nuevo producto por el que los consumidores se vuelvan locos. Todo el mundo quiere uno, y este producto puede escasear en el momento de su introducción, provocando una avalancha en las estanterías de los grandes almacenes.

Cuando se produzca ese movimiento, la ley de la oferta y la demanda tomará el control, haciendo que la empresa vuelva a ser valiosa. El precio de las acciones de esa empresa se recuperará, y la ganancia de valor resultante se considerará un rebote: una vuelta al estado original (o mejor) antes de la devastadora pérdida.

El mercado tiende al alza o a la baja, y a menudo se oyen referencias concretas a fuertes cambios en los valores de mercado. Si varias zonas del mercado se encuentran en un descenso pronunciado, con valores que caen rápidamente (quizá hasta un diez o un veinte por ciento en pocos días), hablamos de un mercado bajista. Puede que recuerdes esta referencia como si te encontraras en la situación extremadamente peligrosa de ser perseguido por un oso: si posees varias acciones u otros activos por valor de una buena suma, tienes serias posibilidades de perder una gran cantidad de valor que podría traducirse en una pérdida neta de valor si decides vender, y puede ser una situación muy peligrosa.

Lo mejor en estos casos es vender antes de que los precios caigan por debajo del precio de compra original o conservar las acciones hasta que el mercado se recupere. Sin embargo, cuando el mercado bajista alcanza un punto bajo, puede ser el momento ideal para entrar en el juego, ya que es raro que los precios caigan por debajo de este punto. Entonces, si esperas pacientemente a que el mercado se recupere o repunte, puedes ganar mucho dinero con un mercado bajista. Estas opciones se tratarán con más detalle en los capítulos siguientes.

Al mismo tiempo, un mercado alcista es una fuerte tendencia general al alza para muchas acciones. Se podría comparar con los encierros que se celebran todos los años en Pamplona (España). Estarás más seguro si estás cubierto cuando se produzca la racha, y por la misma razón, si posees acciones durante un mercado alcista, estarás en una posición privilegiada para aumentar tu patrimonio neto y vender tus acciones, ganando una gran cantidad de dinero. Esta es otra idea que se explorará en detalle más adelante en este libro.

Perspectivas del mercado

Tomando nota de los diversos cambios en el estado de las distintas opciones bursátiles disponibles, aprenderás a detectar las primeras tendencias del mercado, lo que te dará una pista sobre el futuro de una mercancía concreta, y esto sólo puede aumentar tus posibilidades de rentabilidad. La previsión es una parte importante del juego cuando se trabaja en el mercado de valores, ya que nunca se puede estar completamente seguro de en qué dirección oscilará el mercado en un momento dado.

Sin embargo, es posible hacer conjeturas con conocimiento de causa, igual que un hombre del tiempo hace previsiones meteorológicas. Aunque no acierte el 100% de las veces, la previsión suele aproximarse bastante al resultado meteorológico real, porque el meteorólogo es un científico que ha estudiado las tendencias meteorológicas y puede captar los detalles que ayudan a hacer esa conjetura. Con un poco de tiempo y experiencia, puedes alcanzar el mismo nivel de experiencia y perspicacia en el mercado de valores.

Una vez que te hayas sentido más cómodo operando en el mismo mundo que los agentes de bolsa y los operadores diarios, y te sientas seguro (o al menos menos menos nervioso o cohibido) al tomar decisiones financieras tan importantes, puede que decidas dar el paso al Mercado de Divisas (más comúnmente conocido como Forex), y el objetivo de este libro es prepararte para operar dentro de los confines de esta entidad más compleja. A continuación, hablaremos de algunas de las propiedades del Forex y de lo mucho más compleja que puede ser esta entidad bursátil en comparación con un mercado nacional estándar.

El Mercado de Divisas es increíblemente volátil, y hay muchos más factores a tener en cuenta al colocar una orden en este mercado que en un mercado nacional. El siguiente capítulo es una introducción al apasionante y algo aterrador mundo del Mercado de Divisas, o Forex.

CAPÍTULO 3: INTRODUCCIÓN AL FOREX

Forex es el apodo del mercado de divisas. En Estados Unidos, hay varias ramas del mercado de valores, cada una con su propio nombre. Por ejemplo, algunas acciones cotizan en el Dow Jones, otras en el Nasdaq. Por supuesto, todas las transacciones bursátiles en Estados Unidos tienen lugar en la Bolsa de Nueva York (NYSE). En otros países es lo mismo. Puede haber uno o varios mercados separados.

Sin embargo, el comercio internacional tiene lugar en el mercado llamado Mercado de Divisas, o Forex. Varios países de todo el mundo, en casi todas las zonas horarias, participan en el comercio Forex, utilizando múltiples divisas y ofreciendo acciones y materias primas de todos los países participantes. Como hay tantos países y zonas horarias implicados, el Forex no funciona como una entidad de "días laborables" como la mayoría de los mercados bursátiles nacionales. Permanece abierta al público 24 horas al día, cinco días a la semana.

Por supuesto, estas horas adicionales aumentan intensamente el factor de riesgo para quienes somos humanos y, obviamente, no podemos controlar nuestras inversiones las 24 horas del día. Esto significa que el valor de tus participaciones podría desplomarse de la noche a la mañana, mientras duermes, porque otros países siguen negociando mientras tú estás en el país de los sueños. De nuevo, es como un coche: hay muchas piezas móviles bajo el capó, y que no las veas no significa que no funcionen.

Ésta es una de las razones de las distintas opciones de seguridad, como las órdenes limitadas, de las que hablaremos más adelante. Esta es también la razón por la que se recomienda encarecidamente que tus primeros intentos de ganar dinero en bolsa no sean transacciones que tengan lugar en el Mercado de Divisas, sino en un mercado de negociación nacional estándar de nueve a cinco. En nuestra analogía automovilística, esto sería comparable a pedirle a alguien que nunca ha conducido ni cambiado el aceite de un coche que reconstruya el motor.

Funcionalidad Forex

Aunque la funcionalidad de Forex es la misma que la de una bolsa nacional, las materias primas y los precios son más volátiles, y hay factores adicionales que tener en cuenta además de los riesgos típicos asociados a un mercado nacional. Tendrás que lidiar no sólo con el valor de tus acciones y divisas, sino también con las divisas extranjeras implicadas en cualquier comercio o intercambio en Forex, así como con las incoherencias en los valores de determinados bienes y servicios a través de las fronteras internacionales. Es como conducir un coche con transmisión normal en lugar de automática. En el interior, el trabajo está en gran parte hecho por ti, y todo lo que tienes que hacer es navegar, como en una caja de cambios automática. Sin embargo, cambiar de marcha es bastante similar a tener que participar constantemente en la conversión de divisas. Puede distraer, y sin duda complica el acto de conducir.

Dado que la situación financiera de muchos países no es tan segura como la de Estados Unidos, esto puede suponer un problema formidable a la hora de determinar dónde invertir el dinero y qué esperar más adelante en el mercado internacional. Saber qué países y divisas intervienen en Forex puede ayudarte, ya que te permite seguir más de cerca la situación financiera de los países con los que interactúas.

Historia del Forex

Cuando empezó el comercio exterior, no era un mercado de comercio internacional. Nació del acuerdo de Bretton Woods de 1944, que estipulaba que las monedas extranjeras se fijarían frente al dólar, que se valoraba en 35 $ por onza de oro. Este precedente se puso en práctica por primera vez en 1967, cuando un banco de Chicago se negó a financiar un préstamo a un profesor en libras esterlinas. Por supuesto, su intención era vender la moneda, que le parecía que tenía un precio demasiado alto frente al dólar, y volver a comprarla más tarde cuando el valor bajara, obteniendo un beneficio rápido.

Después de 1971, cuando el dólar dejó de ser convertible en oro y el mercado interno era más fuerte, se abandonó el acuerdo de Bretton Woods y el proceso de conversión de divisas se hizo más variable. Esto permitió un mayor apoyo en los mercados extranjeros, y EEUU y Europa iniciaron una sólida relación comercial. En la década de 1980, el uso de la hora y el mercado se amplió mediante el uso de ordenadores y tecnología para incluir las zonas horarias asiáticas. En aquella época, el intercambio de divisas ascendía a unos 70.000 millones de USD al día. Hoy, unos 20 años después, el nivel de comercio se ha disparado, y el comercio asciende a unos 1,5 billones de dólares al día.

Al principio, el comercio internacional era más difícil, ya que había varias monedas diferentes en toda Europa. Aunque los principales actores del mercado europeo estaban profundamente implicados y eran veteranos del comercio internacional cuando se unieron otros mercados, había más monedas que mantener bajo control -el franco, la libra, la lira y muchas otras- de lo que era razonable. Con el nacimiento de la Unión Europea en 1992, se pusieron en marcha los engranajes para crear una moneda única que se utilizaría en la mayor parte de Europa, y el euro se estableció finalmente y se puso en circulación en 1999.

Forex Hoy

Aunque algunos países todavía no han aceptado la moneda como propia (como Gran Bretaña, que sigue utilizando la libra esterlina), el proceso de conversión de divisas se ha simplificado sin el gran número de monedas diferentes con las que había que tratar antes. En lugar de docenas de monedas, los principales países comercian en cinco: dólares estadounidenses, dólares australianos, libras esterlinas, euros y yenes japoneses.

Hoy en día, el mercado de divisas es internacional y global. El mercado está abierto 24 horas al día, cinco días a la semana, para adaptarse a todas las zonas horarias de los principales agentes. Estos incluyen ahora la mayor parte de Europa, Estados Unidos y los mercados asiáticos, especialmente Japón. Australia también se ha incorporado a los mercados comerciales internacionales, y como estas naciones están a medio mundo de distancia de algunos de los otros actores principales, obviamente hay que tener en cuenta las zonas horarias.

Otra preocupación completamente distinta, pero tal vez más importante para la negociación en Forex, es comprender cómo funciona la negociación en varias divisas. ¿Cómo puedes comparar el valor de una acción a través de líneas internacionales si los valores se expresan en dos monedas distintas y no equivalentes? ¿Y cómo se miden las ganancias y las pérdidas cuando la tasa de conversión cambia constantemente?

CAPÍTULO 4: ENTENDER LA CONVERSIÓN DE DIVISAS

Cuando empiezas a operar en Forex, tienes que aprender a convertir divisas y a notar la diferencia de valores, así como la forma en que se negocian las divisas entre líneas internacionales. Esto significa estudiar no sólo las tendencias del mercado nacional y los valores de las divisas, sino también los de los mercados extranjeros.

Operar con varias monedas

Dado que Forex es el mercado de divisas, obviamente no puedes esperar que todo el mundo en el mercado opere en dólares estadounidenses (¿y por qué no, te preguntarás? - pero recuerda que no todo el mundo quiere el dólar estadounidense). Con tantas variables y divisas volátiles que se negocian, ¿cómo puedes reconocer una buena compra o venta cuando la ves sin un conocimiento completo del valor de la divisa?

El primer paso es encontrar una fuente que te dé una idea básica del tipo de cambio actual entre tu moneda nacional y la moneda extranjera en cuestión. Deberías hacer esto como una lista básica para cualquier moneda en la que participes. Por supuesto, esto no será consistente hasta el céntimo o la fracción de una moneda concreta durante toda una jornada laboral, pero al menos tendrás tu punto de partida para empezar, casi como el Norte en una brújula. Tales fuentes pueden encontrarse en Internet, así como a través de muchos intermediarios, tanto en línea como en persona.

Conversión de divisas

También es bueno comprender los medios por los que se expresa la conversión de moneda. La comparación suele hacerse en un informe conocido como relación cruzada. En esta configuración, las dos monedas aparecen en una relación XXX/AAAA, con la posición XXX como moneda base. La moneda base suele expresarse como un número entero, mientras que la posición AAAA se expresa como el decimal que más se aproxime al tipo de la moneda base. Es un poco como referirse a millas por galón o revoluciones por minuto en un coche: una comparación directa entre uno y otro en forma de ratio.

La fracción más pequeña, o decimal, en que puede negociarse una divisa se denomina pip y suele ser el grado en que se expresa un tipo de cambio cruzado. Por ejemplo, si la libra esterlina puede negociarse en milésimas, la moneda se expresará con el tercer decimal. El dólar estadounidense suele expresarse con la centésima parte de un céntimo (el cuarto decimal).

En un ejemplo de expresión cruzada, un dólar estadounidense puede equivaler a 117,456 yenes japoneses. Esta relación se expresaría como 1.000/117.456. La moneda base casi siempre se expresa en una sola unidad (como un dólar a diez dólares), y a menudo esa unidad es el dólar estadounidense. Como el valor del número entero (o dígito grande, como se le llama) de la moneda secundaria, o la moneda en la posición AAAA en términos de conversión cambia tan raramente, a menudo sólo se menciona la parte decimal del número en el Mercado de Divisas.

Por lo tanto, en el informe anterior se puede oír que el yen cotiza a 0,456, sin ninguna mención a los 117 yenes completos que aparecen en el informe. Esto se debe a que el tipo de cambio puede variar de 117,456 a 117,423, pero no a 119,024. Experimentar un cambio en el dígito grande -el número entero delante del decimal-, a menos que fuera sólo porque el número ya estaba dentro de unas milésimas, representaría un cambio demasiado grande en el valor para un solo periodo de negociación y sería un acontecimiento raro que podría hacer que todo el mercado oscilara drásticamente en una dirección u otra.

Las divisas más comunes en Forex son el dólar estadounidense, la libra esterlina, el euro, el yen japonés y el dólar australiano. En el pasado, habría que tener en cuenta muchas otras monedas (como el franco, la lira o el marco alemán). Sin embargo, con la consolidación de la mayor parte del mercado de divisas europeo en el euro, se han eliminado muchas divisas, lo que hace menos complicado operar en divisas de otros países.

Si compras una mercancía en una divisa concreta, y el valor de esa divisa cae frente al dólar estadounidense, en realidad puedes ganar dinero vendiendo esa misma mercancía en dólares. Lo mismo ocurre a la inversa si el valor de una moneda extranjera sube frente al dólar estadounidense. Por supuesto, sólo se puede sacar provecho de una situación así si las mercancías se negocian en ambas monedas y en los dos mercados en cuestión. Trataremos este proceso, así como otras formas de beneficiarse del Mercado de Divisas (como el arbitraje) con más detalle en los siguientes capítulos.

Una vez que seas capaz de discernir un valor base de cualquier divisa concreta y su tipo de conversión en comparación con otras negociadas en Forex, podrás seguir más de cerca el cambio en la conversión de divisas, incluida su inconsistencia y volatilidad. Estas ideas no te parecerán tan "extrañas", y estarás implicado y concienciado junto con los profesionales. Después, tendrás que aprender a leer, comprender y, finalmente, interpretar más tendencias del mercado.

Tendencia Forex

Seguir los gráficos, escuchar los consejos de los analistas y chartistas del mercado, y aprender a hacer previsiones fundamentadas por ti mismo, te ayudará a seguir las distintas tendencias del mercado. El próximo capítulo explicará más sobre cómo utilizar las estadísticas publicadas para predecir el próximo movimiento de la bolsa. ¿Será un día claro y tranquilo, con poca actividad, o se avecina una tormenta con vientos de cambio e incertidumbre? ¿Cómo puedes saber qué ocurrirá con tus participaciones al día siguiente o incluso más adelante?

Simplemente aprender a leer las tendencias del mercado puede eliminar gran parte de la aprensión e incertidumbre que es natural en los operadores novatos. De hecho, a veces el mejor primer paso para entrar en el mercado es ver programas sobre él o leer las secciones financieras de los periódicos que detallan las tendencias y los resultados esperados. El capítulo siguiente te explicará mejor cómo interpretar las estadísticas y tendencias básicas.

CAPÍTULO 5: ENTENDER LAS ESTADÍSTICAS

Ya conoces el funcionamiento del mercado bursátil y has comprendido hasta cierto punto lo que implica operar en el mercado de divisas. Ahora te gustaría saber cómo evaluar las tendencias del mercado para sacar provecho de tus aventuras empresariales en el mercado abierto. Ya no hablamos de penny stocks ni de juegos de patio. Quieres lo auténtico.

El nombre del juego es estadística, y la primera regla es que debes ser consciente de que no existe nada seguro en el mercado de valores. Aunque nunca puedes estar seguro al 100% en ningún momento del próximo movimiento que se producirá en el mercado en su conjunto, ser capaz de leer las estadísticas e interpretarlas te pondrá por delante en cuanto a "adivinar" lo que ocurrirá a continuación.

Invertir se parece mucho a apostar. Si puedes hacer un seguimiento de las cartas que ya se han jugado, estarás más informado, estadísticamente, sobre lo que es probable que se reparta a continuación, lo que significa que puedes apostar con más perspicacia que alguien que no tiene ni idea de lo que ya se ha jugado. Con el mercado abierto, si tienes información sobre lo que ya ha ocurrido en los últimos días, meses o incluso años, vuelves a estar en mejores condiciones para concluir de forma más lógica lo que ocurrirá a continuación. Simplemente aprendes el patrón y lo sigues hasta el final, cosechando las recompensas económicas.

Gráficos

Espera, ¿pensabas que tenías que investigar y seguir el pasado del mercado tú solo? ¡Por supuesto que no! Hay gente a la que se paga por hacer este tipo de trabajo. Supervisan el mercado cada hora, cada día, cada semana, cada mes y cada año para poder proporcionar a los operadores de alto nivel los mismos conocimientos mencionados anteriormente. Cuanto más sepa una empresa de inversión sobre el mercado, más dinero podrá ganar. Lo mismo se aplica a los corredores de bolsa. Ganan dinero cuando tú ganas dinero, y quieren hacer todo lo posible para que tomes decisiones inteligentes.

Lo mejor de todo es que tienes acceso a la misma información que estos clientes VIP. Los chartistas, que son esencialmente analistas de mercado que publican sus resultados en gráficos fáciles de leer, elaboran lo que se denomina un gráfico de velas. Estos gráficos son básicamente una combinación de un gráfico lineal y un gráfico de barras que muestran la tendencia de diversas acciones, índices u otros intereses durante un determinado periodo de tiempo. Por lo tanto, es fácil determinar si la materia prima está en una tendencia alcista o en una bajada, cuándo se produjo el último cambio importante y cuánto tiempo se espera que la acción o el bono continúen en su trayectoria actual.

De hecho, se puede encontrar información sobre la mayoría de las materias primas y sus tendencias en el mercado desde hace años, y algunas incluso hasta su introducción en el mercado abierto. Utilizar esta información puede ayudarte a decidir si es buena idea comprar o vender acciones o valores en los que tengas interés, o si es mejor esperar a un pico en la tendencia del mercado.

Comprender las tendencias del mercado

Es comprensible que, a medida que cambian las economías, cambie el valor de las distintas materias primas. Esto se debe a que cuando una economía es fuerte y floreciente, una nación es más rica y tiene más poder adquisitivo. Junto con este poder viene un mayor valor de los objetos comprados. En otras palabras, si la gente tiene más dinero para gastar y gasta más en las tiendas Walmart, el valor de las acciones de Walmart se multiplicará a un ritmo considerable. Por tanto, los accionistas se enriquecen en términos de activos, simplemente porque los compradores impulsan el mercado con su poder adquisitivo. Cuando los accionistas son ricos y el valor de sus participaciones aumenta, siguen comprando acciones, lo que, de nuevo, bombea la economía. Una fuerte tendencia alcista en el mercado de valores es una buena señal para cualquier economía.

Sin embargo, también hay cosas que afectan al mercado de forma negativa, haciendo caer el valor de las acciones. Por ejemplo, la guerra rara vez tiene un efecto positivo en el mercado de valores. El 11 de septiembre de 2001, cuando los terroristas atacaron el World Trade Center de Nueva York, la economía estadounidense sufrió un enorme colapso y la nación se vio amenazada por una depresión. Algunos analistas estaban seguros de que nunca se recuperaría adecuadamente. Lo mismo suele ocurrir cuando se produce un atentado o un acto de guerra dentro de una nación. Sin embargo, los críticos demostraron estar equivocados, y EEUU procedió a repuntar, o a recuperarse de una mala tendencia a la baja, de forma contundente. Esta rápida recuperación se produjo principalmente porque el pueblo de Estados Unidos siguió empujando y gastando, haciendo que el dinero y la riqueza volvieran a la economía. Observando la reacción del mercado bursátil, se puede aprender a leer las tendencias basadas en los acontecimientos mundiales.

Los precios del petróleo también suelen influir en el mercado bursátil. Especialmente en el mercado de divisas, verás que las tendencias varían en función de muchos acontecimientos actuales. También te darás cuenta de que, con el tiempo, el valor principal (o nominal) de una moneda puede ser revisado deliberadamente por una nación en términos de conversión de divisas. Esto se llama devaluación, que se tratará con más detalle en el capítulo siguiente.

CAPÍTULO 6: VOLATILIDAD DE LAS DIVISAS Y EXPECTATIVAS DEL MERCADO

La volatilidad, o la tendencia a la fluctuación que puede afectar a tus ganancias dentro del mercado bursátil, es típica dentro de un mercado nacional, pero aún más evidente y mucho más fuerte en el Mercado de Divisas. ¿Qué factores influyen en el valor de las divisas en Forex, y hay alguna forma de controlarlo?

Amortización y revalorización

Como se ha mencionado en el capítulo anterior, la devaluación se refiere a la disminución intencionada del valor de una moneda en relación con otras, por exigencia de un organismo gubernamental. Por ejemplo, si el dólar estadounidense vale diez unidades de una moneda extranjera que luego se devalúa un diez por ciento, el dólar estadounidense equivale ahora a sólo nueve unidades de la moneda extranjera. Esto hace que cualquier artículo comprado en la moneda extranjera sea más caro para los que cotizan en dólares estadounidenses, ya que el tipo de cambio baja. También hace que los artículos del país extranjero sean más baratos de comerciar en dólares estadounidenses.

También puede producirse un cambio de valor opuesto, aumentando el valor de la moneda extranjera. Esto se llama revalorización. Aunque pueda parecer que ajustar a propósito el valor de la moneda de una nación es "hacer trampas", o sacar una ventaja injusta abaratando la compra de productos extranjeros y aumentando el valor de las exportaciones, existen normas para impedir la manipulación de los tipos de cambio con tales fines. El estatuto del FMI (Fondo Monetario Internacional) ayuda a prohibir tales hechos y a hacer cumplir la política.

Hay formas de beneficiarse de la devaluación y la revalorización, que se tratarán más adelante. Sin embargo, ¿qué ocurre cuando el valor de una moneda extranjera cambia debido a las fluctuaciones del mercado y no a reducciones o aumentos deliberados por parte de un gobierno federal o un banco federal? ¿Qué efecto tienen la revalorización y la depreciación en el mercado de valores?

Valorización y depreciación

La depreciación puede vincularse fácilmente a la vida útil de un coche. En cuanto sacas un coche nuevo del concesionario, su valor se reduce casi a la mitad. Se trata de una depreciación extrema. Sin embargo, en los próximos años, el coche seguirá perdiendo valor a un ritmo más gradual. Esto también se considera una depreciación.

La apreciación y la depreciación de la moneda son cambios en el valor de la moneda impulsados por las fuerzas del mercado y no por mandato gubernamental. Por ejemplo, en un intento de devolver algunos préstamos, en 1998 el Banco Central de Rusia anunció la próxima devaluación del rublo. El tipo de cambio, que actualmente era de seis rublos por dólar estadounidense, subiría a 9,5 rublos por dólar en un plazo de tiempo, lo que supondría una depreciación del 34%.

Sin embargo, antes del cambio, cundió el pánico en la antigua nación comunista, y el valor del rublo cayó debido a que mucha gente en Rusia optó por canjear sus bonos antes de la fecha límite. En sólo un día tras el anuncio, el rublo ruso se depreció un increíble 25%.

El mismo tipo de crisis se produjo en la década de 1920 con el colapso del mercado bursátil estadounidense. En aquel momento cundió el pánico en todo el país, y la gente corrió a los bancos para retirar dinero en efectivo que no estaba disponible o para canjear valores y opciones sobre acciones que no habían vencido. Al correr al banco, la gente provocó el colapso en lugar de escapar de él.

En la otra cara de la moneda, una apreciación demasiado rápida predispone a un país a la inflación, o aumento del valor al por menor de los productos vendidos al público basado en la valoración de la moneda. Incluso si la inflación está destinada a producirse, puede mitigarse mínimamente mediante el uso de la valoración de la moneda.

El aprecio también puede vincularse a un vehículo. A menudo, los hombres disfrutan cogiendo coches viejos y restaurándolos para devolverles su belleza original. Al hacerlo, aumentan drásticamente el valor del vehículo o lo aprecian.

Los tipos de cambio siempre cambiantes y la volatilidad del mercado crean un riesgo de mercado inherente, o la posibilidad cotidiana de sufrir pérdidas debido a la fluctuación de los precios de los valores. No hay forma de diversificar este tipo de riesgo, ya que siempre afectará a las inversiones en alguna medida. Sin embargo, algunos riesgos pueden compensarse con determinados tipos de inversiones o formas de invertir más seguras o protegidas.

En capítulos posteriores veremos las posiciones largas y cortas, las ventas en corto, las órdenes stop y otras formas de proteger tus inversiones de pérdidas drásticas. Estas opciones incluyen la posibilidad de preestablecer el precio de compra o venta de una mercancía concreta, así como el uso de varios niveles de pedido predeterminados para colocar órdenes y completar transacciones.

Por supuesto, no te engañes pensando que puedes librarte de todos los posibles factores de riesgo del mercado. Siempre hay una nube colgando sobre tu cabeza esperando a estallar, y todo lo que hace falta es un pequeño pinchazo. Siempre debes actuar con cautela, aunque la idea de jugar en bolsa conlleve intrínsecamente peligro y emoción. El capítulo siguiente te ayudará a comprender la realidad y lo que implica equilibrar tu factor de riesgo con un arraigo en la realidad; tu ego con tu id.

CAPÍTULO 7: ASPECTOS DEL COMERCIO

Ahora conoces la funcionalidad del mercado de valores y has decidido que estás dispuesto a aceptar los factores de riesgo que conlleva. Sin embargo, quieres saber todo lo que puedas sobre cómo equilibrar ese riesgo con opciones de inversión inteligentes. ¿Cómo puedes estar seguro de que los riesgos que asumes tienen más probabilidades de ser gratificantes a largo plazo que destructivos?

Long y short

Una de las partes más importantes de ganar dinero en bolsa es determinar tu posición. La posición larga es básicamente la posición de compra: te comprometes a largo plazo a ser propietario de alguna acción, valor u otra mercancía negociada. La posición corta, por el contrario, es la posición vendedora: vas a deshacerte del mismo tipo de bien y de cualquier responsabilidad sobre él.

El mejor momento para tomar una posición larga es cuando los precios de las acciones están bajos. Esto te permitirá entrar en el mercado a un precio razonable y aumentar tus posibilidades de beneficio cuando las nuevas ofertas suban de precio y las antiguas opciones de inversión se recuperen o repunten. De hecho, cuando otros adopten la posición larga y compren al mismo tiempo que tú, esto hará subir el valor de los títulos mediante la regla estándar de la oferta y la demanda, provocando el inicio de lo que podría ser un mercado alcista.

Se puede equiparar esta situación al final de mes en un concesionario de coches. Los precios tienden a bajar en todos los coches que quedan a la venta, y el concesionario suele estar más dispuesto a regatear porque quiere menos stock en el lote. Del mismo modo, cuando los precios de las acciones son bajos, algunas personas entran en pánico y se deshacen de todas sus participaciones a esos precios bajos, pensando que sus acciones nunca recuperarán valor. Esto sólo puede ayudar.

Cuando los precios están altos, es probable que sea el momento de dar la vuelta y vender tus acciones para obtener un beneficio, sin perder nada por la ganancia no realizada (beneficio que no puede contabilizarse en activos líquidos o efectivo porque sigue invertido en una opción bursátil volátil). Nunca debes vender a un precio inferior a tu coste, ya que esto conduce a un patrimonio negativo y a una pérdida de fondos. Siempre hay que vender por el máximo beneficio que uno considere seguro.

En otras palabras, si compras una acción a quince dólares por acción, y sube rápidamente a veinticinco dólares por acción, es muy posible que pienses que podría alcanzar los treinta dólares por acción en una semana. Sin embargo, tienes que determinar si estás dispuesto a arriesgarte a perder tus ganancias ya aseguradas de diez dólares por acción para esperar tanto tiempo, en caso de que el precio caiga realmente; entonces, podrías decidir vender al precio alto actual.

Creador de mercado y venta al descubierto

¿Qué ocurre si el valor de las acciones es increíblemente alto, pero no has entrado en esa materia prima concreta y no posees acciones? Tu primer paso debe ser visitar a un agente de mercado o llegar a un acuerdo con un corredor para una venta al descubierto. Un creador de mercado es, literalmente, un corredor de bolsa que tiene a mano una determinada cantidad de acciones de distintos valores o títulos, que se compran durante un periodo en el que los tipos de mercado son bajos.

Entonces, la empresa se dará la vuelta y venderá esas acciones a un particular a ese bajo precio, independientemente de la cotización del mercado, creando de hecho su propio mercado (de ahí el nombre). El individuo que compra a la empresa puede vender inmediatamente las mercancías en el mercado abierto al precio de mercado (que es más alto), obteniendo una increíble cantidad de beneficios en un breve periodo de tiempo.

Una venta al descubierto es otra opción para obtener un beneficio rápido. En este caso, pides prestadas a un corredor un número determinado de acciones para venderlas cuando el valor de mercado sea alto. Tu tarea consiste en esperar a que baje el precio de la acción, comprar la misma cantidad de acciones y devolver las acciones al corredor, quedándote con el beneficio de la venta, menos la comisión del corredor.

La forma en que un concesionario de coches trabaja con las permutas es muy similar. Te comprarán el coche a un precio muy bajo, luego se darán la vuelta y lo venderán en el lote por un alto margen de beneficio.

Uno de los aspectos más positivos de una venta al descubierto es que en realidad nunca tomas posesión de las acciones, lo que significa que nunca estás en posición de perder dinero. Como vendiste las acciones a un precio elevado, ya has obtenido un beneficio y, en el peor de los casos, las acciones en cuestión no bajarán de precio. En lugar de devolver las acciones al corredor al que se las pediste prestadas, puedes simplemente devolver el importe por el que se compraron originalmente, junto con la prima.

¿Cómo puedes estar seguro de que no superarás las opciones de mejor precio o perderás una buena tarifa por no estar dispuesto a dar una orden de compra o venta a tu corredor? ¿Hay alguna forma de poner límites a tus intercambios? Después, hablaremos de cómo proteger tus inversiones y limitar tus factores de riesgo.

CAPÍTULO 8: GESTIÓN DE RIESGOS

Uno de los aspectos más importantes de la protección de tus inversiones es equilibrar el riesgo con la tranquilidad. Hay varias formas de hacerlo, y las discutiremos en este capítulo.

Órdenes limitadas y riesgos de equilibrio

Una orden limitada es una cantidad fija por la que has acordado comprar o vender un valor concreto u otra mercancía. Por ejemplo, has indicado a tu agente de bolsa que no venderás el valor X hasta que su valor alcance un mínimo de Y dólares. Al mismo tiempo, no comprarás el mismo valor X si supera un valor Z. Establecer límites para el precio que pagas por un valor concreto, así como el precio que aceptarás para venderlo, te protege a ti y a tu inversión de varias maneras.

En primer lugar, maximizas tus ganancias, pero lo más importante es que evitas las pérdidas. Cualquier pérdida que se produzca con las órdenes limitadas será siempre una pérdida no realizada, o una pérdida que no puede medirse en activos líquidos o efectivo. En otras palabras, mientras no vendas la acción y cobres la pérdida neta, no afectará a tu patrimonio neto. Como has establecido un límite que no te permite vender tus materias primas por menos de su coste original, no puedes tener pérdidas en tu patrimonio neto. Al mismo tiempo, también te estás asegurando al menos una cierta cantidad de beneficio al fijar tu punto de venta lo suficientemente alto como para obtener ese beneficio concreto.

Otra forma de proteger tus activos es la cobertura. Esto significa que creas y vendes un contrato de futuros en el que declaras que, cuando las acciones alcancen un determinado valor en el futuro, venderás tus participaciones a ese precio predeterminado. Cuando se alcance ese precio, se procesará el pedido y se completará la transacción. Por supuesto, si alguna vez cambias de opinión sobre un límite que hayas establecido, puedes colocar una orden de stop con tu corredor, que designe que ya no deseas operar con la cantidad de dinero especificada.

También se puede comprar al margen. Esto es muy similar a la venta en corto, pero en lugar de pedir prestadas acciones para venderlas, básicamente estás pidiendo prestado dinero para comprar acciones por tu cuenta cuando el valor de mercado está bajando. Luego, cuando el valor de los títulos que compraste suba y puedas venderlos con beneficio, devuelves el préstamo y te quedas con el excedente de la venta, menos la comisión del corredor. Por supuesto, todas las operaciones con un corredor de bolsa implican una prima, o una comisión por los servicios prestados, y es casi imposible operar sin un corredor o sin el servicio de un corredor. Sin embargo, los servicios online suelen ser menos caros que los agentes presenciales, pero puedes investigar un poco para determinar cuál es tu mejor opción.

¿Cómo puedo manejar un látigo?

No, no nos referimos a algo en el garaje, el dormitorio o una banda de música country. Un whipsaw es una tendencia del mercado que desafía las probabilidades. Puede considerarse como el "ala". A pesar de aprender a conducir con cuidado y coordinarte, a veces no puedes hacer nada para evitar que te choquen por detrás.

Whipsaw es un término para lo que ocurre cuando todo apunta en una dirección concreta en la tendencia del mercado, haciendo que compres (si parece que los precios están a punto de subir) o vendas (si parece que están a punto de bajar), entonces se produce el efecto contrario.

Por ejemplo, si compras una acción a cinco dólares por acción porque la acción parece haber alcanzado su máximo y parece iniciar una tendencia alcista, y luego, inesperadamente, la acción se desploma a un dólar por acción, esto se considera un efecto latigazo. Si esto te ocurre, como seguramente ocurrirá si juegas en el mercado el tiempo suficiente, lo mejor que puedes hacer es esperar. Las acciones harán una de estas dos cosas: o se disolverán por completo y la empresa quebrará (esto es lo que no quieres que ocurra), o repuntarán, y puedes optar por esperar a tener una oportunidad de obtener beneficios, o puedes salirte en cuanto se alcance la tasa de compra.

Los latigazos no son el fin del mundo, y nadie puede esperar ganar dinero con cada compra en bolsa. Sin embargo, si descubres que estás implicado en varios de estos casos, deberías reconsiderar seriamente tus opciones de inversión. Es posible que estés leyendo mal las señales, o que estés eligiendo malas acciones. Debes buscar asesoramiento para cualquier inversión futura que pienses hacer antes de comprar otras acciones o valores.

Otra forma de invertir una mala inversión como ésta es proceder a una operación compensatoria, es decir, una compra o venta que compense la pérdida de una operación anterior. Podrías comprar más acciones de la misma empresa al precio más bajo si esperas que se recupere, o podrías optar por otra mercancía caliente que esté a punto de explotar en precio, y ambas cosas te ayudarán a compensar tu pérdida. También podrías vender acciones de un valor en el que tengas una gran cantidad de ganancia no realizada -

ganancia que no puede medirse en activos líquidos o efectivo debido al aumento del valor de las acciones y valores mantenidospara sustituir el valor en efectivo perdido.

Todas ellas son opciones válidas para recuperar una pérdida, pero esperar a que el valor de la acción repunte es siempre la primera opción. Evita la pérdida de fondos ya invertidos, mantiene la posibilidad de obtener beneficios y reduce el riesgo de nuevas inversiones en el mercado.

A medida que crezcas y aprendas sobre estas diversas opciones, tendrás que sentirte más cómodo cuando estés rodeado de gurús y frikis de las finanzas que hablen sandeces, arrastrando palabras que nunca has oído a diestro y siniestro. El siguiente capítulo te guiará a través de algunos de los significados de las principales palabras de moda utilizadas en el mercado de valores y en el distrito financiero internacional.

CAPÍTULO 9: PALABRAS CLAVE QUE DEBES CONOCER

Ahora que sabes un poco más sobre el mercado de valores y has decidido probar suerte en la inversión, deberías preocuparte más por entender la jerga que oyes en el parqué. Aunque probablemente no te encuentres entre un montón de corredores de bolsa gritones en Wall Street (y hoy en día, la mayoría de las operaciones se hacen por ordenador), debes saber que aprender a hablar es parte del camino.

Margin, spread y otras condiciones

Vale, se trata de márgenes, no de margarina, pero suena muy parecido. Para entender el mercado de valores, especialmente el Forex, es necesario hablar no un lenguaje destinado a la comunicación común, sino el lenguaje del comercio. Por ejemplo, cuando se piensa en un margen, para muchos significa una variable, como el "margen de error" de una estadística.

Sin embargo, en el comercio, se refiere a la cantidad de dinero prestada por un corredor para comprar acciones cuando el mercado está bajando. Luego, cuando el valor inicie su siguiente subida, vendes la acción al precio más alto, devuelves el margen (junto con la prima acumulada) y te quedas con el beneficio.

Cuando se compra con margen, el dinero prestado por el agente de bolsa se denomina cuenta de margen. La cuenta de margen es provisional, basada en el valor de las acciones. Ocasionalmente, si el valor de las acciones compradas baja demasiado para el margen de seguridad fijado por el agente, éste solicitará que se deposite más dinero en la cuenta de margen para compensar la pérdida. Esto se llama ajuste de márgenes.

En algunos intercambios, el valor de mercado no entra en juego. Por ejemplo, un intercambio a plazo se establece entre dos particulares o dos empresas fuera del mercado abierto. Implica un proceso de negociación y un posible compromiso sobre el precio. Normalmente se hace una oferta -la oferta de comprar un bien a un precio determinado- y un precio de venta u oferta -el precio al que la otra entidad empresarial está dispuesta a vender los valores u otros intereses-. La diferencia entre estas dos cifras de compra se llama diferencial.

Si el diferencial no puede reducirse y finalmente cerrarse, no puede llegarse a un acuerdo. Este precio acordado se denomina precio a plazo, y todos los detalles que intervienen en el proceso de negociación cuando tiene lugar este tipo de transacción se detallan en un contrato y se denominan puntos a plazo. Normalmente, el precio a plazo se indica como disponible para una fecha concreta, y si la operación no se completa en esa fecha (denominada fecha de la operación), habrá que renegociar el intercambio.

Jobbers, Yards y otros términos "ingleses"

Uno de los principales mercados extranjeros que encontrarán los estadounidenses que operan en Forex es el Reino Unido. Aunque muchos otros términos relacionados con el mercado de valores serán similares debido al lenguaje común, hay algunos términos específicos que son muy diferentes en el vocabulario del comercio británico.

Por ejemplo, en EE.UU., los corredores de bolsa que tienen valores comprados a precios bajos para venderlos a clientes en un mercado con precios más altos (de modo que el cliente pueda dar la vuelta y volver a venderlos con beneficios en el mercado abierto) se denominan creadores de mercado. Sin embargo, en Gran Bretaña, a este tipo de inversor se le llama simplemente "jobber".

Otro término con el que querrás familiarizarte es "patio". No se refiere a un trozo de tierra verde, a una medida en pulgadas, ni siquiera a 36 de algo. El término se utiliza en referencia a la cantidad de dinero y no a su valor, y equivale a un millón de unidades de la moneda en cuestión. En otras palabras, puedes tener un metro de dólares o un metro de yenes, y aunque sea la misma cantidad de billetes, monedas o cualquier otra moneda física utilizada, no es necesariamente equivalente en valor.

En Gran Bretaña no utilizan el euro ni el dólar estadounidense. Optaron por seguir utilizando la libra esterlina, una moneda que se ha utilizado en el país durante cientos de años. Sin embargo, Gran Bretaña está actualmente en vías de realizar la conversión al euro en los próximos cinco años.

Abierto y cerrado

En el mercado de valores, hay varios tipos de órdenes que se pueden colocar para protegerte de hacer una mala inversión o para limitar la cantidad que pagas por un determinado valor u otra mercancía. Por ejemplo, si has hecho una mala inversión y no quieres reinvertir en un valor concreto, debes vender todas las acciones de ese valor, independientemente de que sufras una pequeña pérdida. Esta acción se llama cerrar una posición. Por el contrario, si te va bien con tu inversión, podrías participar en una refinanciación, simplemente reinvirtiendo tus ganancias en acciones adicionales.

Una orden abierta es exactamente lo que parece; significa que la orden permanece pendiente hasta que la ejecute tu agente de bolsa o la canceles tú como cliente. Una orden de stop cancelaría cualquier orden pendiente que hayas cursado con tu corredor de bolsa. También tienes opciones como Una cancela otras órdenes. Te permiten tener intereses en distintas materias primas, dejando órdenes a tu corredor de bolsa para que las compre todas si caen a un precio determinado. Entonces, si uno de ellos alcanza este precio bajo preestablecido, tu agente de bolsa seguirá tus indicaciones e invertirá tu dinero en ese valor concreto, tras lo cual se cancelarán todas las órdenes adicionales.

Cuando un corredor te da una estimación del precio de una acción o materia prima concreta, se considera una cotización. Una cotización nunca es completamente exacta y suele denominarse precio al contado, ya que el valor de un título puede cambiar en cuestión de segundos. Sin embargo, es lo más exacto que cabe esperar. Al colocar una orden, el corredor procesa la cumplimentación, o finalización, de esa orden.

El valor real al que se completa la transacción se denomina precio de relleno. La finalización de una operación o compra, llamada liquidación, también puede denominarse ejecución de una operación o realización de una orden. Como puedes ver, hay muchos términos a tener en cuenta, y ni siquiera hemos empezado a considerar los términos utilizados en algunas de las áreas más difíciles del mercado.

A continuación, consideraremos algunas opciones de negociación especializadas y más complejas que puedes utilizar en Forex para aprovechar la volatilidad del mercado y los tipos de cambio en constante cambio.

CAPÍTULO 10: TRADING EXPERTO CON OPCIONES

Después de pasar mucho tiempo comprando y negociando en mercados nacionales y extranjeros, verás que el proceso se vuelve más fácil y casi intuitivo. Ya no tendrás que esforzarte tanto para determinar la conversión de divisas o encontrar la próxima gran materia prima explosiva. Será como una segunda naturaleza para ti.

¿Cuál es entonces el próximo gran reto para los operadores del mercado abierto? ¿Qué impide que las cosas se vuelvan monótonas y aburridas? En primer lugar, siempre ocurre algo nuevo y diferente en el Mercado de Divisas. Recuerda que funciona las 24 horas del día, y nunca sabes lo que te vas a encontrar cuando te levantes por la mañana. Sin embargo, hay varias formas de aprovechar la variación en la conversión de divisas y el desfase temporal entre mercados que pueden afectar a los valores de negociación.

Arbitraje

Hay algunas materias primas que se negocian en varias divisas en varios mercados en Forex. Aunque hoy en día los ordenadores han hecho que la comunicación mundial sea casi como un rayo, todos estos mercados pueden operar juntos con valores bastante equivalentes para los valores compartidos entre monedas.

Sin embargo, el sistema no es perfecto, y el valor puede subir o bajar en un país y una moneda antes de que el mismo cambio de valor llegue a otra frontera. Los operadores experimentados han aprendido a aprovechar este desfase en la tendencia del mercado mediante un proceso llamado arbitraje. En esta operación, se compra una acción o valor concreto en el mercado con el precio más bajo y, simultáneamente, se vende lo mismo en un mercado donde el valor es más alto. El proceso es un poco complejo, así que utilizaremos un ejemplo. Digamos que un dólar estadounidense equivale a 0,5 libras esterlinas, lo que significa que todo será el doble de caro en libras esterlinas.

Ahora, echemos un vistazo al precio de una acción negociada en ambos mercados. Si fueran equivalentes, la acción cotizaría a dos dólares en EEUU y a una libra en el Reino Unido. Sin embargo, si ocurre algo y el valor de las acciones cae en el Reino Unido, éste va seis horas por delante de EEUU, y esta caída puede no afectar inmediatamente al mercado estadounidense.

Si el valor de la acción cae en el Reino Unido a 0,8 £, el precio de compra es ahora inferior al precio en dólares debido a la conversión de divisas. En este caso, el arbitraje tendría lugar cuando uno compra acciones de la acción en el mercado británico en libras esterlinas y las vende en el mercado estadounidense en dólares, beneficiándose de la lenta comunicación de la caída del valor de la acción. En efecto, ganarás 0,40 $ por acción.

Volatilidad de la conversión de divisas

Otra forma de aprovechar el valor siempre cambiante de cada divisa es operar en función de los tipos de cambio. ¿Qué implica exactamente? Tienes que fijarte bien en la evolución de los índices de conversión. Cuando el tipo de cambio de una moneda cambia drásticamente, es el momento de mover ficha. Esto es muy parecido al arbitraje, pero la zona es mucho más arriesgada debido a la alta volatilidad. Por ejemplo, si en el escenario anterior compraste una acción en el mercado estadounidense por dos dólares la acción, y de repente la libra esterlina gana valor, cayendo a una conversión de sólo media libra por cada dos dólares, querrías vender tus acciones en el mercado británico porque el valor de la libra es más alto y ahora tiene más poder adquisitivo.

Sin embargo, un consejo a tener en cuenta es que es mejor disponer de todos los activos líquidos en divisas inmediatamente, normalmente el mismo día. Hablamos de mañana porque la entrega de la divisa tarda dos o tres días laborables, y al cambiar la divisa por el valor bursátil el mismo día laborable, evitamos tener que recibir la divisa por completo.

CAPÍTULO 11: OTRAS OPCIONES COMERCIALES

Además de las opciones expertas descritas anteriormente, existen otras formas no tradicionales de ganar dinero en bolsa. Sin embargo, al considerar estas opciones, hay que pensar en hacer carrera en el comercio de acciones y participaciones. Algunos tipos de comercio simplemente no son para los pusilánimes, lo que significa que debes tener una motivación total y un espíritu aventurero para participar en estas áreas del mercado. Se multiplican las posibilidades de recibir un golpe gigantesco y experimentar una gran pérdida.

Negociación diaria

Los operadores diarios asumen algunos de los mayores riesgos del mercado. Como los operadores diarios trabajan con inversiones que cambian drásticamente en cuestión de horas, están por naturaleza en la boca del lobo. Estas acciones son extremadamente volátiles y, en su mayor parte, el day trading es una forma rápida de perder una gran cantidad de dinero. Es difícil ganar una gran cantidad de dinero de esta forma, y es aún más difícil predecir el resultado de estas opciones de compraventa de acciones durante el día. No se puede estar seguro de la posición a un día (el valor neto al que un corredor de bolsa o un operador del día abrirá a la mañana siguiente).

Y en Forex, hay poco margen para el day trading, ya que el mercado nunca cierra durante la semana laboral. En tales casos, el operador del día debe fijar un límite de tiempo para salir, vendiendo todas las acciones, de modo que pueda dormir tranquilo mientras el mundo gira y empezar fresco el día siguiente.

El day trading es muy peligroso y no se recomienda a los principiantes. De hecho, no se recomienda en absoluto, y la mayoría de las personas que participan en esta parte volátil del sector o bien están muy curtidas en operaciones de mercado abierto, o bien no consideran los factores de riesgo con suficiente cuidado antes de entrar en esta rama del mercado, o bien tienen suficiente dinero como para simplemente querer probar esta forma de inversión y no les importa perder una buena suma.

Mercados secundarios

Los mercados secundarios son interesantes porque los crea el gobierno para ayudar a redistribuir el dinero que se utiliza para los préstamos. Fannie Mae y Freddie Mac son dos de las principales empresas a las que se compran acciones en un mercado secundario.

Así es como funciona. Cuando una persona compra una casa, pide un préstamo al banco, normalmente por un ochenta por ciento del coste de la casa. Se concede, y el banco adquiere la vivienda para el individuo o la familia, que empieza a pagar el préstamo al banco.

Mientras tanto, para garantizar que haya dinero disponible en ese banco para la siguiente persona que necesite un préstamo hipotecario, Fannie Mae o Freddie Mac, dos entidades creadas originalmente por el gobierno estadounidense, comprarán el préstamo al banco. Por tanto, el dinero se devuelve al banco para su uso futuro.

¿Qué hacen luego estas agencias con el déficit que han adquirido? Lo venden. En el mercado secundario, dividen el préstamo en acciones respaldadas por el propio préstamo y venden estas acciones, recuperando el dinero de los inversores. Con el tiempo, estos títulos vencen, probablemente al mismo tiempo que se paga el préstamo original al banco, y los inversores recogen los beneficios de su inversión con los intereses devengados.

Otra forma de aprovechar la volatilidad del mercado bursátil internacional es hacer un swap. Se trata del intercambio de títulos o bonos para aprovechar unos tipos de interés más bajos. Por ejemplo, si una entidad empresarial en Gran Bretaña tiene un bono y otra en Japón tiene un bono diferente, los dos productos pueden intercambiarse o venderse mutuamente para ahorrar en tipos de interés si el bono o valor que se tiene actualmente tiene un tipo de interés más bajo en el mercado opuesto.

Por ejemplo, supongamos que una empresa tiene un bono "A" que sólo paga un dos por ciento de interés en su mercado actual, y otra tiene bonos "B" en su mercado al tres por ciento de interés. Si el bono A está pagando realmente un 3% en el mercado extranjero, y el bono B se puede canjear por un 4% en el primer mercado, ambas partes pueden ganar más dinero con un canje de bonos. Pueden beneficiarse mutuamente de una venta de valores a la otra debido a una ganancia de más intereses.

Si esto te parece confuso, quizá un intercambio no esté en tu futuro próximo. Esto suele resolverse más entre empresas del mercado exterior que entre partes individuales, aunque con el intermediario adecuado podría conseguirse. Sin embargo, si fueras a cerrar el trato, no necesitas saber mucho, salvo que te espera un margen de beneficio mayor que antes, y tu corredor se ocupará del resto.

Si decides tener opciones sobre acciones como negocio, probablemente decidas contratar a un asesor a tiempo completo para todas tus necesidades financieras, incluida la gestión de tus participaciones en acciones. De hecho, cuando las empresas son lo bastante grandes y tienen una presencia comercial lo bastante fuerte en el mercado, especialmente en Forex, verás que hay departamentos enteros dedicados a mantener las opciones sobre acciones.

CAPÍTULO 12: EN REVISIÓN

Después de palear montones de información y adquirir tantos conocimientos, probablemente te sientas como si estuvieras nadando en terminología y no pudieras recordar por dónde empezar. La mejor forma de retener los conocimientos es mediante la repetición, y tener una guía de referencia rápida nunca es una mala idea. Las páginas siguientes son un breve resumen de las discusiones de este libro, que te permitirán consultar rápidamente un tema en un momento de dificultad.

Comercio básico

Una acción es una participación en una empresa cuyo valor varía en función del deseo o la necesidad de bienes o servicios de esa empresa concreta. Como accionista, tu patrimonio neto aumenta y disminuye en función de que tomes una posición corta (vender) cuando los valores son altos y una posición larga (comprar) cuando los precios son bajos. Mientras la acción o valor esté en tu poder, el cambio de valor se considera una ganancia o pérdida no realizada porque no puedes medirla en activos líquidos (efectivo).

Cuando la mayoría de las materias primas negociadas en el mercado siguen una fuerte tendencia alcista durante un periodo de tiempo, se denomina mercado alcista. Si el valor da un brusco giro a la baja y continúa por esta senda, hablamos de un mercado bajista. Si no se reconoce tal tendencia y el valor de las acciones y participaciones es bastante uniforme, hablamos de un mercado plano.

El mercado de divisas

El Mercado de Divisas es la bolsa en la que distintos países de distintas zonas horarias intercambian sus mercancías nacionales e internacionales en distintas monedas. La moneda es la denominación o división monetaria utilizada en un país concreto (como el dólar estadounidense o el euro). Cuando se utilizan varias monedas, suelen expresarse en una relación denominada tipo cruzado, que muestra la cantidad de una segunda moneda que equivale a la primera de la lista. Determinar cuál es el equivalente se llama conversión de moneda.

Varios países europeos, que ahora han consolidado sus monedas para ponerse de acuerdo sobre el euro (desde 1999), comercian en Forex, como se denomina abreviadamente. Gran Bretaña, que hasta ahora ha optado por seguir utilizando la libra esterlina, también participa en el comercio internacional, al igual que Estados Unidos, Japón y Australia. Cada uno de estos países utiliza su propia moneda para fines comerciales estándar, con opciones de invertir en divisas extranjeras. Determinar si merece la pena o no depende del tipo de conversión de la moneda.

El valor de la moneda de una nación lo determinan su gobierno y su banco federal (la Reserva Federal, más conocida como Fed, es el banco federal de Estados Unidos). El cambio intencionado del tipo de conversión por parte de un gobierno se denomina valoración: la devaluación es quitar valor y fuerza a la moneda, mientras que la revalorización añade fuerza y poder adquisitivo a la moneda. Si el tipo de conversión cambia de forma natural por los acontecimientos y la volatilidad del mercado, hablamos de apreciación y devaluación.

Carreras profesionales

Sin la ayuda de profesionales, es casi imposible operar en el mercado abierto. Los analistas de mercado siguen las tendencias bursátiles que influyen en el valor de las acciones. Utilizan esta información y el historial básico para ayudar a predecir el resultado de distintos aspectos del mercado en el futuro.

Otras personas, llamadas chartistas, crean gráficos que interpretan todos los datos -números diversos, estadísticas, porcentajes, etc.- en un gráfico de velas fácil de leer que traza las tendencias de materias primas concretas en el mercado.

Un agente de bolsa es una persona o empresa que te ayuda a realizar tus inversiones. Un corredor puede ayudarte a tomar decisiones financieras inteligentes ayudándote a seguir tus órdenes y las tendencias del mercado.

Un creador de mercado hace el mismo trabajo que un corredor de bolsa, con la excepción de que esta persona o empresa mantiene una inversión en una determinada variedad de acciones y bonos que pueden venderse a un cliente a un precio más bajo en poco tiempo para que el cliente pueda ganar dinero vendiendo inmediatamente las mismas acciones al precio de mercado más alto.

Otras personas pueden ayudarte con préstamos, permitiéndote comprar al margen. Se trata del enfoque opuesto: pedir dinero prestado para comprar una acción o un valor que está a un valor de mercado bajo para que el cliente pueda revenderlo después a un precio más alto.

Proteger tus inversiones

Hay varias formas de proteger tus inversiones. Al colocar órdenes limitadas, garantizas en la medida de lo posible que no perderás dinero en el mercado y prácticamente garantizas al menos un beneficio mínimo. Sin embargo, si cambias de opinión sobre estos límites, siempre puedes colocar una orden stop. Si dejas instrucciones permanentes a tu agente de bolsa, se denominan órdenes abiertas y permanecen así hasta que se ejecuta la operación y se cumple la orden.

Intenta colocar tus órdenes limitadas justo por encima de los niveles de soporte (los niveles más bajos de valor a los que puede caer una acción) y justo por debajo del nivel de resistencia (el nivel superior por encima del cual es improbable que suba el valor de una acción).

Además, fija una fecha valor, una fecha en la que puedas tomar una media del valor de una mercancía concreta y revisar tus opciones. Esto debe revisarse al menos cada seis meses si tienes intención de mantener tenencias de un valor concreto.

CAPÍTULO 13: UNA ÚLTIMA OPCIÓN

Aunque "Capítulo 13" no es una forma adecuada de terminar una aventura financiera, es, en este caso, una de las conclusiones más importantes de una herramienta increíblemente útil llena de consejos de inversión, especialmente cuando se coloca al final de un libro para ofrecer ayuda a quienes se ven amenazados por la quiebra debido a malas decisiones de inversión. Siempre hay formas de dar marcha atrás cuando uno ha empezado a caminar por el camino equivocado. Al igual que cambiar a un coche nuevo después de comprar un coche cutre que no ha sido más que una pesadilla, es posible invertir el sentido.

Algunas personas pueden pasarse días, meses e incluso años intentando conquistar el mercado bursátil y aun así no lo consiguen. En algunos casos, es prácticamente imposible que un individuo comprenda la funcionalidad del mercado. Si no eres capaz de seguir las tendencias del mercado, entonces es mejor que no tomes ninguna decisión de inversión.

Está bien no adaptarse al mercado. Al mismo tiempo, puedes seguir ganando dinero con las inversiones. Una última opción que tienes es crear una cuenta discrecional. Esto significa que firmas un contrato con tu agente de bolsa y le entregas una suma de dinero para invertir, dejando en manos de tu agente la determinación de la colocación de esa inversión. Nunca más tendrás que preocuparte por haber hecho una mala inversión. De hecho, en este escenario, ni siquiera tienes que seguir las tendencias del mercado u otra información que tenga que ver con la inversión financiera. Tu corredor simplemente te avisará cuando hayas aumentado tu patrimonio o si éste se ha desplomado.

Sea cual sea la decisión que tomes respecto a tu entrada en el mercado bursátil, no debes preocuparte por no disponer de la información esencial que te ayude en tus primeras experiencias bursátiles. Ahora tienes los conocimientos básicos y la guía de referencia esencial para iniciar el camino hacia el éxito y la riqueza, a los que puedes acceder en cualquier momento.

Recursos

1) Million Dollar Pips - El primer robot de Forex de verdad. ¡Utiliza una estrategia única de scalping para ganar pips rápidamente con, literalmente, menos de 5 pips de stop loss!

2) Robot Forex MegaDroid - Robot Forex automático y 100% manos libres que utiliza tecnología Rcpta y bate todos los récords!!!

3) Forex Growth Bot - Forex Growth Bot es un robot de recompensa de bajo riesgo con casi un año de pruebas de negociación, además de backtests detallados. ¡Mira cómo hacemos crecer nuestra cuenta exponencialmente!

FOREX TRADING

INTRODUCCIÓN

Forex (FX) es un acrónimo de Foreign Exchange (cambio de divisas) y, por tanto, el comercio Forex se refiere al comercio de divisas de distintos países entre sí.

Con más de 2 billones de dólares de operaciones al día, Forex es el mayor mercado del mundo, superando al mercado de valores, ¡y lo mejor es que está abierto las 24 horas del día!

¿Cómo ganar dinero en Forex? El operador de Forex genera beneficios especulando sobre si una divisa subirá o bajará con respecto a la otra.

Empieza eligiendo un par de divisas cuyo valor esperas que cambie y coloca tu orden. Por ejemplo, hoy te has gastado 1.600 $ para comprar 1.000 £.

Unos meses más tarde, si el valor de la libra esterlina frente al dólar aumenta, digamos 1.000 £ frente a 2.000 $, ganarías 400 $ cuando decidas finalizar la operación. También puedes mantener el par de divisas durante minutos o días, según tu estrategia.

Se suele pensar que las mejores oportunidades para ganar dinero son con las divisas más negociadas, es decir, el dólar estadounidense, el euro, la libra esterlina, el franco suizo, el yen japonés, el dólar canadiense y el

Dólares australianos, conocidos colectivamente como los "Majors".

Aunque históricamente sólo estaba al alcance de las grandes instituciones financieras y corporaciones, el Forex es ahora accesible al público debido a la prevalencia de Internet y, por tanto, es una buena oportunidad para que los inversores hagan crecer su dinero.

Al contrario de lo que se suele pensar, no necesitas mucho dinero para empezar a operar en Forex. Algunas personas incluso empiezan con tan sólo 200 $.

Aunque hay personas que se ganan la vida confiando únicamente en el comercio de divisas, es importante que seas realista con tus expectativas, especialmente si eres principiante. Por fácil que parezca, aprender las estrategias correctas y practicar las operaciones sobre papel antes de utilizar dinero real puede salvarte de perder el dinero que tanto te ha costado ganar.

Al fin y al cabo, ninguna inversión está exenta de riesgo, y lo que marca la diferencia es cómo gestionas el riesgo.

Aprender los fundamentos del mercado de divisas

¿Buscas un lugar donde invertir tu capital? No te preocupes ahora. Existe el mercado financiero, donde puedes invertir de forma rentable. Hay muchas grandes empresas que operan en este mercado más líquido y volátil y obtienen beneficios a manos llenas.

Si te gusta adoptar una carrera comercial, gracias al comercio de divisas. Es el mejor lugar para invertir. A diferencia de muchos otros mercados de valores, el mercado de divisas es el lugar más apropiado para invertir porque funciona las 24 horas del día. Tiene presencia mundial y también puedes operar a través de medios electrónicos como Internet o incluso con tu teléfono móvil.

Para los novatos en el comercio de divisas, se trata simplemente de la compra y venta de divisas. No es tan sencillo como parece. Implica muchos tecnicismos. Es necesario aprender mucho sobre el comercio de divisas antes de entrar. En este artículo nos centramos en el aprendizaje del comercio de divisas.

Hoy en día, entrar en el mercado de divisas ya no es un reto. No es necesario ir al mercado de divisas real, puedes acceder al comercio de divisas en Internet.

Hay muchos programas de software disponibles en Internet que te proporcionarán actualizaciones puntuales del mercado, cotizaciones de divisas, subidas y bajadas del valor de las divisas, etc. El programa analizará y te dirá cuándo comprar o vender una divisa.

Se recomienda reunir toda la información posible antes de empezar a operar en el mercado de divisas. Debes conocer los trucos del oficio para obtener más beneficios. Puedes aprender a operar en Forex a través de la experiencia y la práctica. Invertir en el mercado de divisas y dominarlo no es un juego de niños. Cuanto más entres en el mercado de divisas, más experimentado serás en este mercado.

Aunque el comercio de divisas es un gran lugar para ganar dinero, se vuelve muy caro con un movimiento equivocado.

Lo último es cuando tienes que operar en el mercado Forex. Como el mercado de divisas está abierto 24 horas al día, 7 días a la semana, puedes operar cuando te convenga y salir de él cuando quieras. Sólo tienes que anticiparte a la tendencia del mercado.

Comparado con los bonos y las acciones, el comercio de divisas es más arriesgado. Pero es más volátil y puedes ganar miles de millones de dólares en cuestión de segundos.

El comercio de divisas no es sólo para las grandes empresas y organizaciones. Este mercado está abierto a todos. Las únicas condiciones son que dispongas de capital suficiente y de una cuenta para operar en divisas. Puedes optar por el comercio de divisas como tarea a tiempo parcial. Puedes comerciar cuando quieras.

Debes tener el sistema adecuado para operar. Consigue la versión gratuita del sistema antes de cogerlo. Analiza el sistema mediante blogs de clientes y testimonios sobre su funcionamiento.

Por último, pero no menos importante, es la selección de un corredor de divisas experimentado y respetado. Puede darte muchos consejos para operar en el mercado de divisas y cómo maximizar tus beneficios con un riesgo cada vez mayor.

CAPÍTULO 1: CONOCIMIENTO Y EDUCACIÓN EN FOREX

El mercado de divisas, también conocido como Forex, se ha convertido en el mayor mercado financiero líquido del mundo.

No tiene una ubicación concreta, ya que los intercambios se realizan a través de una red electrónica, lo que implica a todo el mundo.

Forex no es un mercado sofisticado, pero tienes que tener en cuenta ciertos aspectos si quieres que tus operaciones tengan éxito. Realmente puedes ganar mucho dinero, como han hecho muchas personas y hacerse ricas de la noche a la mañana.

Al mismo tiempo, siempre hay que tener en cuenta que también existen riesgos. Es necesario formarse adecuadamente y tener conocimientos suficientes sobre el mercado de divisas antes de empezar a operar.

Muchas de las escuelas de negocios de EEUU tienen cursos sobre comercio y mercados financieros. Asistir a este tipo de cursos sólo puede beneficiarte, ya que te proporcionan los conocimientos y habilidades necesarios para entrar en el mercado Forex y operar con éxito.

Una buena escuela de negocios te enseñará a leer correctamente los gráficos y a detectar correctamente las tendencias. La lectura de un gráfico te da una visión general de la dirección en la que se dirige una determinada moneda.

Así, podrás decidir con qué divisa operar. Leer correctamente un gráfico es la habilidad que más necesitas en el mercado Forex. Te ayuda a reducir los riesgos de perder tu dinero y a aumentar tus posibilidades de ganar dinero.

Al decidirte por una escuela en concreto, debes tener en cuenta las que ofrecen operaciones en tiempo real en cuentas modelo e incluso reales. Es un hecho que el mejor aprendizaje surge de la experiencia. Por lo tanto, se te pedirá que crees ambas cuentas.

Necesitas una cuenta ficticia para practicar y una real para operar. Tu cuenta real no debe ser grande, para que no pierdas mucho dinero si cometes errores. La práctica hace la experiencia. Aprenderás más sobre el funcionamiento de Forex, lo que te ayudará cuando decidas convertirte en un auténtico operador en el mercado.

En estas escuelas debe haber varios sistemas de negociación para que puedas probarlos y decidir cuál es el más fácil para ti. Y lo que es más importante, conoce cómo funcionan y se utilizan estos sistemas, para evitar errores en el mercado real.

Debido al hecho de que se basa en gran medida en la especulación, Forex es realmente un mercado arriesgado. Debes tener conocimientos del mercado y habilidades para operar en él. Puedes ganar dinero muy fácilmente, pero al mismo tiempo puedes perderlo al instante. Tienes que formarte adecuadamente antes de empezar a operar en este mercado.

Hoy en día, cualquier persona con un ordenador y una conexión a Internet puede operar en Forex. Debes tener en cuenta el hecho de que Forex no puede garantizar una situación en la que todos salgan ganando.

Cuantos más conocimientos tengas, mayores serán tus posibilidades de obtener beneficios en el mercado Forex. Es mejor no intervenir si sólo crees que puedes hacerlo. Infórmate primero.

Cómo avanzar en el juego del trading en Forex

Hoy en día, todas las empresas se enfrentan a una competencia feroz. Las empresas pagan millones de dólares para entrar en su mercado objetivo exacto.

Aunque hay un mercado que te paga por saberlo.

Es el comercio de divisas. El comercio de divisas es el nombre reciente del mercado de divisas, donde tiene lugar la compraventa de divisas.

Antes de iniciarte en el comercio de divisas, debes tener un conocimiento exhaustivo del mercado de divisas. Debes conocer las estrategias y tácticas de negociación, las tendencias del mercado y los factores que influyen en el valor de las divisas.

La investigación es el elemento más importante del comercio de divisas. Para obtener información completa sobre el comercio de divisas, debes asistir a cursos de comercio y programas de formación o actuar como asistente de un corredor.

Los cursos de formación en Forex te permiten familiarizarte con el lenguaje del trading. También te hace comprender las tendencias del mercado de divisas. También te indica el momento perfecto para comprar y vender divisas.

Estos cursos de formación te ayudan a hacer frente a inmensos retos, a la elevada demanda de divisas y a las tensiones del mercado. También te preparan para manejar circunstancias no deseadas con paciencia.

En las clases de formación de divisas aprenderás a analizar el mercado cuando comprar y vender divisas es rentable y merece la pena. También aprenderás a manejar programas informáticos y otras herramientas.

Los cursos de trading te ayudan a realizar análisis financieros y fundamentales del mercado. Además de la teoría, los cursos de comercio de divisas te hacen comprender la psicología del comercio y la gestión del dinero. Todo lo que necesitas Los cursos de comercio de divisas te permiten entrar en el mercado de divisas prácticamente a través de unas prácticas.

Estos cursos ofrecen vías como conferencias con operadores que te harán aprender a través de ejemplos en tiempo real. Con la ayuda de estas experiencias prácticas, debates e información podrás comprender plenamente el cambio de divisas.

Internet es hoy una fuente de aprendizaje más eficaz. Hay muchos sitios web que ofrecen cursos de comercio de divisas en línea a un precio óptimo. Puedes aprender gestión del riesgo y del dinero, análisis financiero y técnico del mercado, estrategias y tácticas de negociación.

También puedes participar en clases en línea sobre programas informáticos modernos y herramientas utilizadas en los mercados extranjeros. También facilitan programas de suscripción de por vida para conocer mejor las últimas tendencias del mercado y las estrategias para hacer frente a estas condiciones cambiantes del mercado.

Cada día hay una nueva innovación; los servicios online te permiten aprender nuevas formas de gestionar las tendencias cambiantes del mercado. Como el número de instituciones de comercio en línea está aumentando rápidamente, esto hace que te resulte más fácil aprender más formas de obtener beneficios. Es posible tener un seguimiento completo del valor de las divisas y los directorios de empresas en Internet.

Además, se dice que el alfabetizado y el analfabeto nunca pueden ser iguales. Del mismo modo, no se puede tener éxito en el comercio de divisas sin aprender el lenguaje del mercado, sus tendencias, el análisis de divisas y el análisis financiero y técnico del mercado de divisas.

El aprendizaje os convertirá en especuladores perfectos, capaces de abordar cualquier situación con sabiduría y de minimizar las pérdidas al tiempo que obtenéis el máximo beneficio con la aplicación adecuada de estrategias y tácticas.

CAPÍTULO 2: EVALUAR EL MOMENTO ADECUADO PARA INVERTIR

Para operar con éxito en Forex, debes ser capaz de comprender las señales de trading que pueden contribuir en gran medida a tus beneficios.

Selecciona un gráfico que describa estos indicadores de negociación y opta racionalmente por un sistema de negociación que pueda optimizar el beneficio de estos indicadores de negociación.

Estas señales pueden ayudar a tomar decisiones importantes sobre la entrada y salida del mercado o a realizar ajustes en el cambio de divisas.

Los indicadores técnicos describen los hechos y las cifras del trading realizando determinados cálculos matemáticos. Los gráficos de Forex muestran los tipos de cambio continuamente actualizados de varias divisas, las tendencias al alza o a la baja y los indicadores técnicos.

Cada gráfico se actualiza al cabo de cierto tiempo. Es necesario conocer estos gráficos e indicadores técnicos antes de realizar una inversión.

Es una regla sensata consultar los gráficos antes de entrar en el mercado de divisas. También se pueden consultar varios gráficos para saber cuál es el mejor momento para entrar. Tras dominar la evaluación de las señales de entrada, hay que prestar atención a las señales de salida.

Considera muchas opciones de trailing stop, stops fijos y salidas limitadas que puedes utilizar. Si vas a operar en corto, intenta centrarte en los "puntos de inflexión", comprendiendo cualquier pauta a corto plazo que pueda repetirse a largo plazo.

Controla los pares de divisas para comprender esas fluctuaciones. Los operadores suelen preferir fijar un porcentaje más alto durante un periodo corto, optando por la salida límite.

También puedes consultar las señales de salida, que se basan en transacciones en tiempo real, para tomar una decisión sobre tu salida.

Además de consultar cuidadosamente los indicadores técnicos, debes utilizar la señal que mejor se adapte a tus condiciones. En lugar de tomar una decisión al azar, tienes que ceñirte a un mecanismo lógico. Intenta utilizar varias señales en función de muchos parámetros que te llevarán a la aversión al riesgo.

La evaluación de varias señales Forex junto con indicadores técnicos te permite controlar tu inversión y anticiparte a las posibles fluctuaciones del mercado.

El trading en Forex requiere una atención y observación estrictas, y cualquier negligencia puede provocar grandes pérdidas. Los avances tecnológicos han hecho posible analizar el mercado de divisas las 24 horas del día a través de Internet.

También se pueden comprar y vender divisas por teléfono, porque en el comercio moderno de divisas se ha eliminado la necesidad de la presencia física.

Hoy en día, si los indicadores de trading en Forex cumplen los parámetros definidos, recibirás un aviso para que inviertas o vendas tus acciones. Para garantizar el mayor rendimiento posible de tu inversión, decide seguir las señales de negociación de un proveedor de servicios experimentado.

Tienes que encontrar el mejor sistema de negociación para ti. La evaluación lógica de cifras y señales te permite aprovechar la oportunidad adecuada. Es necesario investigar a fondo antes de realizar una transacción y no fiarse sólo de una fuente.

Lee reseñas, foros de negociación online, periódicos y revistas de negocios sobre divisas para comprender en profundidad el sistema subyacente de la negociación de divisas.

Utiliza un software de evaluación de señales o un método desarrollado por cualquier experto en divisas. Toma nota y descubre el sistema de trading adecuado que funcione para ti.

Negociación en divisas: Encontrar el momento adecuado

El mercado Forex o de divisas es actualmente el mayor mercado financiero del mundo, donde cualquier persona despierta puede obtener enormes beneficios.

Aunque el mercado de divisas es tan vulnerable que puede convertir los beneficios en pérdidas en muy poco tiempo, el comercio de divisas continúa las 24 horas (excluyendo los fines de semana).

Permite a los comerciantes internacionales realizar sus negocios sin problemas, independientemente de la disparidad de divisas entre las distintas regiones del mundo. Debido al volumen de intercambio de divisas de un billón de dólares al día, el Forex puede reportar fortunas a los operadores de todo el mundo.

Las fluctuaciones de los tipos de cambio pueden socavar fácilmente las oportunidades de beneficio de un operador. Hay que darse cuenta de que el comercio de divisas es más un arte que mera suerte.

Familiarízate con las tácticas de este arriesgado juego y comprende las reglas básicas que pueden conducir a enormes ganancias. Un factor importante que puede contribuir en gran medida a tus beneficios es el momento adecuado para vender o comprar divisas en Forex.

Debido a la diferencia horaria entre las distintas regiones del mundo, la actividad comercial no se mantiene en su punto álgido las 24 horas. Hay un momento óptimo en el que se reúne el máximo número de compradores y vendedores para el cambio de divisas.

Debes ser consciente de la importancia de estas "horas punta", durante las cuales el volumen de operaciones se dispara, convirtiendo al mercado de divisas en el más líquido del mundo.

El tipo de cambio de las monedas no es fijo, como en los bancos y otras instituciones financieras. Las divisas se negocian a un tipo de cambio flotante y se negocian por pares, como dólar/euro, euro/libra.

Hay que ser muy cauto debido a la incertidumbre sobre los tipos de las distintas divisas, ya que la actualidad y los rumores pueden influir mucho en el valor de una moneda.

Según la Hora Estándar del Este, Forex empieza a funcionar a las 5 de la tarde del domingo hasta las 4 de la tarde. Casi el 85% de los operadores negocian con las principales divisas. El ciclo comercial comienza en Nueva Zelanda y se expande a Australia y Asia.

A continuación, Oriente Medio se incorpora al mercado de divisas, seguido de Europa. Al final, Estados Unidos participa en el comercio. Los países desarrollados con economías fuertes desempeñan un papel vital en el mercado internacional de divisas, con importantes centros de cambio de divisas en Nueva York, Tokio y Londres.

Todos los operadores de divisas experimentados saben que hay un momento específico en Forex en el que todos los mercados del mundo participan en la actividad. Cuando Europa y América se estimulan durante las horas funcionales de Asia, el volumen de operaciones alcanza miles de millones de dólares.

Como durante esas horas hay un gran número de compradores y vendedores de divisas, el capital adquiere una gran liquidez y se determinan los tipos de cambio.

Debes disponer de una tabla que describa las horas de trabajo en el extranjero en los distintos países. En Australia, el cambio de divisas comienza a las 19.00 horas, según

Hora estándar del Este y continúa hasta las 3 de la madrugada. A las 3 de la madrugada, Forex en el Reino Unido abre sus puertas y cierra a las 11 de la mañana. El horario de funcionamiento del mercado de divisas de Londres es de 2 a.m. a 12 del mediodía. El horario de Nueva York es de 8 a 16 h EST.

En lo que respecta a Tokio, la moneda se compra y se vende desde las 8 de la tarde hasta las 4 de la madrugada. Todas estas horas se indican según la hora estándar del Este. Si dibujas un diagrama, te darás cuenta de que durante las 2 y las 4 de la madrugada los mercados abiertos de Asia y Europa funcionan simultáneamente.

Del mismo modo, durante las 8h-12h EST, coinciden las actividades de cambio de divisas americanas y europeas. Si se tienen en cuenta estas horas punta de trabajo, se puede estar seguro de llegar al máximo número de operadores de todo el mundo y, por tanto, las posibilidades de obtener grandes beneficios aumentan considerablemente.

CAPÍTULO 3: MERCADO DE DIVISAS

Todos obtenemos títulos profesionales y seguimos carreras para asegurar nuestro futuro.

Para realizar todos los deseos y sueños, necesitamos recursos suficientes que nos ayuden a acceder a los lujos de la vida. Pues bien, este poder se llama dinero, que puede facilitarte la vida proporcionándote comodidad y facilidades.

Los profesionales y empresarios ganan por término medio suficiente dinero para cubrir todos sus gastos, pero ni siquiera pueden pensar en tomarse unas vacaciones de ensueño o comprarse coches de lujo o joyas ostentosas.

Porque después no podrás librarte de grandes deudas. Por tanto, considera la posibilidad de ganar dinero además de con tu trabajo habitual o con un pequeño negocio e invierte tus ahorros para obtener beneficios sin gastar tu tiempo y energía.

En lugar de volcar tu dinero en cuentas de ahorro bancarias que siempre ofrecen un tipo de rendimiento fijo durante un periodo determinado, prueba algo que sin duda es arriesgado pero que puede traerte suerte. Esta oportunidad es

llamado Forex, donde se compran y venden divisas las 24 horas del día. Ahora bien, si estás pensando que los operadores internacionales suelen operar con divisas en Forex, ¿qué tienes que ver tú con esto? La técnica es sencilla. Sólo tienes que entender las reglas del comercio y del intercambio, el momento y el tipo de cambio.

Si eres lo suficientemente capaz de juzgar el momento adecuado para comprar una divisa cuyo valor está bajando en ese momento, pero se espera que suba en un futuro próximo, puedes obtener enormes ganancias en Forex.

Una divisa se compra dando otra a cambio, por lo que el comercio se realiza en pares de divisas. Las monedas de los países desarrollados se negocian con más frecuencia que las demás. Los favoritos son Estados Unidos, Japón e Inglaterra, que en última instancia consideran importantes los pares de divisas de estos países.

El dólar estadounidense frente a la libra esterlina, el dólar estadounidense frente al yen japonés, el dólar estadounidense frente al franco suizo y la libra esterlina frente al dólar estadounidense son los pares de divisas más negociados en Forex.

La desventaja de invertir en Forex es el riesgo que conlleva, que puede acabar con tu inversión debido a las fluctuaciones del precio de las divisas. Cuando se dan las condiciones adecuadas, es posible obtener una tasa de retorno de la inversión del 100%.

Pero si el activo es bajo o el valor de la divisa cae, tendrás que soportar una gran pérdida porque el margen de pérdida es igual al margen de ganancia. Así, el Forex puede ser un desastre financiero para ti si no controlas el mecanismo y las tácticas de negociación.

Tienes que invertir tu excedente de dinero en el mercado de divisas y ser plenamente consciente de las posibles fluctuaciones del mercado. Como se suele decir "no hay ganancia sin dolor", Forex es una oportunidad de negociación dinámica.

Si no quieres ahorrar tiempo ni energía para examinar continuamente el Forex, puedes contratar a un agente de bolsa o a un analista financiero con experiencia en estas operaciones.

Incluso entonces debes ser capaz de leer y comprender los tipos de cambio, las tendencias del mercado, las opciones de compra y el resto de la terminología y la estructura de los mercados internacionales de divisas. Lee artículos y

tutoriales en línea que mejorarán tus conocimientos sobre el mercado de divisas y te indicarán diversas reglas del mayor mercado financiero líquido. Ten en cuenta una cosa, invertir en forex no es un juego de azar, más bien es un juego técnico, difícil pero rentable.

Negociación en divisas: Grandes oportunidades

El mayor mercado financiero en el que se compran y venden divisas se llama Forex, conocido como Fx. Los operadores internacionales y las instituciones financieras, como bancos, empresas de corretaje y grandes empresas, suelen comerciar con divisas e invertir enormes fondos en Forex.

Debido al gran número de compradores y vendedores en todo el mundo, el Forex se considera el mayor mercado de capitales líquidos. Las operaciones con divisas ascienden a billones de dólares al día y son supervisadas constantemente por analistas financieros y corredores de todo el mundo.

De la fluctuación de los tipos de cambio disfrutan principalmente los grandes bancos de inversión y las instituciones financieras gubernamentales que compran enormes cantidades de una moneda concreta para venderla a precios más altos en el futuro.

El progreso tecnológico ha permitido al mundo estar conectado las 24 horas del día e intercambiar divisas siempre que se den las condiciones adecuadas para el comercio. Ahora cualquiera puede encontrar información exhaustiva sobre Forex y las tendencias del mercado financiero para descubrir las estrategias adecuadas antes de realizar una inversión.

Los países con una economía y una infraestructura fuertes desempeñan un papel importante en Forex, siendo las monedas de Estados Unidos, Gran Bretaña, Canadá, Japón y Australia las que se negocian con más frecuencia. La negociación de divisas en Forex sólo se detiene los fines de semana y continúa 24 horas todos los días laborables.

La mayor ventaja del cambio de divisas es la inmensa dispersión geográfica que permite la compraventa de divisas a través de las fronteras, por internet y por teléfono.

Hasta la fecha, Forex ha ganado aceptación e importancia internacional para el cambio de divisas y no fija el tipo de cambio de ninguna moneda. Más bien, una moneda se compra a un tipo de cambio fluctuante que se determina mediante

la percepción del valor de cualquier moneda y la disposición de las partes a poseerla. Obtener beneficios en Forex es más fácil que de la forma convencional, en la que no tienes que producir ni comerciar con ningún bien. Sólo necesitas tener conocimientos, experiencia y fondos de inversión.

Entre las muchas ventajas de invertir en Forex, la principal es la facilidad para liquidar el capital debido al gran número de corredores e inversores disponibles durante todo el día. Siempre encontrarás un comprador o vendedor para cualquier tipo de moneda en cualquier parte del mundo. Esta es la razón de un enorme volumen de operaciones en Forex de 1,5 millones de dólares al día.

Además, la inversión en Forex es un juego técnico y práctico, y no hay reglas ocultas ni intrincados procedimientos de negociación. Se dispone de datos pasados y actuales para estudiar las tendencias y pautas de los tipos de cambio, y se pueden realizar previsiones y análisis futuros mediante diversos programas informáticos u observando la actualidad de un país concreto.

Puedes vender o comprar divisas literalmente durante todo el día. Sólo tienes que consultar el horario de funcionamiento si quieres operar con un país de divisas concreto. Muchos corredores han hecho posible que los pequeños inversores inviertan dinero.

Puedes controlar tu dinero invertido con un alto apalancamiento en Forex y puedes tener una tasa de apalancamiento tan alta como 1:400, lo que significa que ganarás

400 dólares por cada dólar invertido en tu cuenta. Puedes vender tu moneda directamente al comprador sin pagar a ningún intermediario.

Sólo si incorporas a algunos corredores para que te ayuden económicamente, tendrás que pagar un determinado porcentaje. Con conocimientos sólidos, una observación aguda y una investigación eficaz, se puede hacer una fortuna invirtiendo en el mercado de divisas. Encuentra el sistema de negociación adecuado para ti y aprovecha el software especializado diseñado para revelar las tendencias de los tipos de cambio.

CAPÍTULO 4: AUTOMATIZAR LA OPERATIVA EN FOREX

La era actual es testigo de un auge tecnológico que provoca muchos cambios en todos los niveles del conocimiento y del ser humano.

El comercio no ha quedado al margen. Todo el mundo comercia de una forma u otra. Se ha convertido en una necesidad para sobrevivir. Sólo podrás desenvolverte en el mundo moderno si eres abierto de mente, eficiente y trabajador.

La gente comercia con todo tipo de cosas, a veces sin darse cuenta de que en realidad están implicados en una actividad de este tipo. El mejor ejemplo es el comercio de divisas.

Los particulares comercian a menudo con divisas, aunque no piensen en ello como tal. Si fueran conscientes de ello, sabrían que pueden ganar dinero. Y se hizo tan accesible.

Lo que antes era terreno exclusivo de las empresas, ahora está al alcance de casi todo el mundo, sobre todo con el creciente uso de Internet. En todo el mundo, la gente comercia por Internet. También pueden operar en Forex

en línea, sean ricos o no, siempre que estén conectados a Internet. Este tipo de negocio requiere cosas bastante sencillas, como un sistema seguro que se utilice para producir señales.

Estas señales generadas automáticamente pueden proporcionarte la tan deseada oportunidad de acertar en el mercado de divisas. Puedes obtenerlos de cualquier medio de comunicación, ya sea la televisión, los periódicos o los foros de Internet.

Sin embargo, existe el riesgo de que las señales que recibas estén a veces distorsionadas. Para evitarlo, tienes que ser capaz de elegir señales automáticas equilibradas e imparciales.

Para obtener estas señales, es vital que dispongas del sistema adecuado, ese software concreto que está diseñado con el propósito de operar en Forex. Puedes encontrar muchos sistemas en Internet. Como era de esperar, no son gratuitos, pero puedes probar la versión de prueba.

Aquí has llegado al paso más importante. Debes estar absolutamente seguro de haber seleccionado el mejor sistema antes de comprarlo. Debes ser consciente de que hay gente que intentará convencerte de que compres su software, un sistema que no funcionará ni un solo segundo.

Debes hacer tu selección a partir de esa lista de sistemas que lleven unos años en el mercado y se hayan labrado una reputación en este ámbito. Puedes hacerte una idea de estos sistemas simplemente investigando en Internet o participando en debates en línea.

Ahora que ya tienes el sistema, puedes pasar al siguiente paso, el de suscribirte a las alertas automáticas relativas a las operaciones en Forex. Ya estás preparado para recibir notificaciones y empezar a trabajar.

Estas señales automáticas te avisan del valor de entrada y salida de las principales divisas. Sabes en tiempo real cuál es la posición del euro frente al dólar estadounidense, por lo que puedes operar en consecuencia todo el día, toda la semana.

Siempre que haya un cambio en la negociación, recibirás un aviso. Puede enviarse a tu correo electrónico o a tu teléfono móvil. Estas alertas te ayudan realmente a tomar la decisión más sabia respecto a tus operaciones en Forex.

Estrategia automatizada de negociación en Forex

Tener un sistema automatizado de negociación en Forex puede darte una ventaja en la negociación en Forex, pero tener una estrategia en Forex puede darte una ventaja. Si quieres obtener beneficios a largo plazo, no operes siguiendo tus instintos o sólo porque una operación concreta te entusiasme.

Necesitas un sistema o estrategia de negociación para asegurarte de que consigues operaciones e intercambios sólidos.

Una estrategia o sistema Forex consiste en reglas que te guían sobre cómo operar en el mercado Forex. Una estrategia o sistema Forex proporciona información sobre cuándo entrar en una operación y cómo salir de ella. También te permitiría aplicar y utilizar normas de gestión de riesgos.

Hay formas de saber si tu estrategia de negociación en Forex es realmente buena o tiene éxito:

- Empieza por conocer el éxito que ha tenido en el pasado. Merece la pena saber cuánto han ganado hasta ahora los usuarios anteriores o existentes del sistema utilizando la estrategia.

Además, también obtienes información sobre cuál es la reducción máxima del sistema en sus operaciones anteriores.

- Hay un ratio de victorias/pérdidas que también puedes controlar. Se trata de cuánto has ganado frente a cuánto has perdido. Además, también hay una relación entre beneficios y pérdidas. Se trata de la media de las bolsas ganadoras frente a las perdedoras.

- También debes saber lo constante que es el sistema a la hora de obtener beneficios.

Al elegir una estrategia de Forex, no sólo hay que tener en cuenta la tasa de éxito y el porcentaje de beneficios. También debes tener en cuenta tu estilo de vida y qué sistema puede adaptarse a él o satisfacerlo. Debes saber qué sistema de negociación en Forex puede utilizarse adecuadamente en tu zona horaria.

Una estrategia útil utilizada en el comercio Forex es lo que se denomina apalancamiento. Con la estrategia de apalancamiento, ganarías unas cien veces la cantidad de dinero con la que operas en tu cuenta.

Muchos operadores han testificado que han podido obtener muchos beneficios utilizando este tipo de estrategia. Por lo tanto, si tienes una cuenta de Forex con fondos, puedes utilizar esta estrategia para obtener más beneficios.

Otra estrategia es la orden de stop-loss. Esta estrategia funciona identificando un punto en el que no vas a operar. Este punto de negociación se identifica y determina antes de que comience la negociación.

Al utilizar este tipo de estrategia, debes ser capaz de analizar las señales de negociación para no fallar en tu predicción. Si tu operación prevista no sale como esperabas, el sistema de stop loss puede ser muy desventajoso.

La negociación automatizada en Forex es otro tipo de sistema o estrategia. La entrada y salida de una orden será determinada por el sistema automático. De nuevo, el precio y el punto en el que el programa entrará o saldrá de una operación están predeterminados.

Estas estrategias de negociación en Forex te ayudarán a tener mejores oportunidades de negociación en el mercado Forex. Tanto si utilizas apalancamiento, stop loss o sistemas y estrategias automatizados de negociación en Forex, el éxito al 100% no está garantizado.

Estas estrategias no pretenden proporcionarte operaciones perfectas, porque eso es imposible. Estas estrategias de trading están aquí para ayudarnos a minimizar el riesgo de perder en el trading.

Ventajas del sistema automatizado de negociación en Forex

El comercio de divisas tiene una de las mayores cuotas de mercado del mundo. Gana alrededor de 3 billones de dólares al año en todo el mundo. Pero el trading en Forex es principalmente especulativo; los beneficios y las pérdidas se basan en el movimiento de la divisa.

La ronda de grandes beneficios atrae a muchos inversores. Incluso aquellos que aún están empezando en este campo están interesados en unirse, hay un sistema automatizado de comercio Forex que podría ayudarles a hacer la transición más fácilmente.

Con un sistema automatizado de trading en Forex, tendrías un sistema planificado que podría supervisar el progreso del trading en Forex en tiempo real. Utiliza un asesor experto y un conjunto de indicadores que interpreta las operaciones en Forex y también puede mostrar una oportunidad comercial.

Lo bueno de utilizar un sistema automatizado de trading en Forex es la rapidez con la que se hacen las cosas. Si eres un recién llegado al trading, esto minimizaría el largo proceso de aprendizaje del mercado y sus reglas.

No es necesario estar pegado al mercado Forex las 24 horas del día para entender el mercado de divisas. El programa informático controlaría el comercio las 24 horas del día.

Esto te mantendría informado de lo que ocurre en tiempo real. Esto te permitiría hacer cambios en tu cuenta en tiempo real según los cambios en el mercado. En cuestión de segundos pueden producirse grandes cambios en el comercio.

Aparte de eso, el sistema automatizado de trading en Forex elimina el aspecto emocional y psicológico del trading. Habrá momentos en que una serie de pérdidas pueda afectar a tu forma de pensar y de analizar el mercado.

Esto podría conducir a decisiones erróneas y precipitadas en el mercado. Pero el sistema y el software automatizados para operar en Forex te ayudarán a afrontarlo.

El programa también es fácil de usar y sencillo de instalar. Puedes dejarlo en piloto automático. Configurar el programa sólo lleva unos minutos y luego puedes dejar que haga su magia.

Puedes tener éxito en el trading automático en Forex, especialmente si utilizas un sistema que sea adecuado para ti y con el que, al mismo tiempo, estés familiarizado.

Esto también te permitiría ser flexible y tener un comercio Forex diversificado. El sistema automático de negociación en Forex puede funcionar con distintos tipos de corredores y distintos tipos de divisas. Podrás operar con diferentes mercados y divisas. Puedes comerciar mientras estás en la carretera.

Pero el sistema automático de trading en Forex no es perfecto. Si lo fuera, entonces mucha gente estaría ganando el comercio. La gestión del dinero sigue siendo importante. Tienes que saber cuánto estás dispuesto a arriesgar.

Para tener éxito, la mayoría de los operadores siempre tendrían un porcentaje fijo de su capital en riesgo. Podrían aumentar el tamaño de su operación si ganan o disminuirlo si pierden.

Si ya tienes un sistema automatizado de negociación en Forex, entonces sería mejor que no hicieras ningún cambio en los ajustes o configuraciones. Tener un sistema automatizado de negociación en Forex no garantiza el éxito. Tampoco es lo único en lo que debes confiar para tener éxito en el trading.

Hay ciertos factores que pueden influir en el comercio. El mercado Forex cambia muy rápidamente en función de diversos factores y situaciones. Además de disponer de un sistema automatizado de negociación en Forex, el inversor o comerciante también debe tener conocimientos sobre el sistema de negociación.

Riesgos del sistema automatizado de negociación en Forex

Hemos oído lo bueno que es el sistema automatizado de negociación en Forex. Utilizarlo tiene numerosas ventajas. Pero, ¿se trata sólo de cosas buenas? Una moneda tiene dos caras, así que ¿cuál es la otra cara de un sistema automatizado de negociación en Forex?

Algunos operadores e inversores dirían que la intuición significa mucho en el trading. Algunos dirían que desempeñó un papel importante cuando cerraron un trato o cuando ganaron en un intercambio. Pero algunos comerciantes dirían que la intuición no desempeña ningún papel.

Algunos dirían que les funciona, mientras que otros lo discuten. Pero como algunas personas confían en la intuición para conseguir buenas operaciones, un sistema automatizado no podría ayudarles. Porque los programas y los ordenadores no se basan en absoluto en la intuición.

Otra cosa habitual que hacen los operadores que utilizan un sistema automatizado de negociación en Forex es dejar que sus ordenadores y programas ocupen su lugar en la negociación. En realidad, es una gran idea.

Tener una máquina que haga el trabajo por ti ocupándose de otros asuntos. Pero esto se convierte en una desventaja, sobre todo cuando dejas que el programa y el ordenador hagan TODO el trabajo.

Es muy fácil acomodarse a esta configuración, confiando demasiado en el propio software. En realidad, incluso los sistemas pueden cometer errores. También tendrías que reconocer las oportunidades y, al mismo tiempo, negociar a la mano.

Otro inconveniente de un sistema automatizado de trading en Forex es asegurarte de que tu ordenador está siempre en funcionamiento y de que tienes un servidor dedicado para ejecutar tu trading automatizado. Esto es para asegurarte de que tu asesor experto o EA funciona con el ordenador de tu casa y el del trabajo.

Habría ocasiones en las que te encontrarías con un patrón gráfico o un análisis de ondas muy difícil de hacer. Por tanto, tendrás que buscar profesionales que interpreten tus gráficos por ti y descifren algunos patrones extremadamente difíciles.

Otra verdad que debes afrontar es que no todos los asesores experimentados manejan fácilmente los errores y otros imprevistos. Por tanto, debes prepararte para cualquier cosa que pueda decepcionarte.

No todo es perfecto. Por tanto, debes estar preparado para afrontar las decepciones y manejarlas. Por este motivo, seguirás necesitando conocimientos en operaciones manuales de Forex.

Nada es perfecto, incluso los ordenadores y los programas siguen cometiendo errores y pueden tener dificultades para tratar puntos inesperados y cruciales en el comercio. Los operadores e inversores prefieren utilizar tanto sistemas automatizados como operaciones manuales. Utilizarían un sistema de negociación automatizado si les resulta difícil la negociación manual. Mientras que sistemas tan simples como los esquemas gráficos sencillos se dejan hacer manualmente.

Además de todo esto, otro aspecto negativo es que el trading automatizado en Forex es demasiado popular en Internet. Esto puede ser bueno o malo. Lo bueno es que conseguir un sistema automatizado es fácil y está a tu alcance.

En el lado negativo, demasiada popularidad puede dar lugar a que numerosos sitios web realicen estafas y trampas en Internet.

Hay muchos sistemas automáticos de negociación en Forex a la venta en Internet. Afirman que sus productos son los mejores entre los sistemas, pero no cumplen las normas. Por eso se recomienda comprobar los comentarios de los clientes y disponer de una garantía de devolución del dinero de tu compra.

Utilizar el software de negociación Forex

El dinero siempre es necesario. Casi todas las cosas que debemos tener o utilizar para vivir hay que pagarlas. De hecho, "muchos hacen girar el mundo", como dice la canción. No es de extrañar, pues, que existan sistemas que permitan el comercio mundial de divisas.

El mayor mercado financiero del mundo, Forex, mueve miles de millones de dólares en todo el mundo, 24 horas al día, siete días a la semana. Un auténtico comerciante sabría que este mercado puede aumentar seriamente sus ingresos y consideraría la posibilidad de involucrarse en el negocio.

Ya hay software a tu alcance para ayudarte a desarrollar tus operaciones en Forex mediante la compraventa automática de divisas por tu parte. Afortunadamente, la gama de opciones es bastante amplia, por lo que puedes seleccionar el software que quieras.

También hay sitios web que te proporcionan software de negociación gratuito al registrarte, una bonificación por crear una cuenta de Forex en ellos.

A veces es sólo la versión demo, y lo más probable es que tengas que pagar por la auténtica.

En Internet se puede acceder a distintos tipos de software de negociación de divisas. Se recomienda probar primero las demos y ver cuál es más fácil de usar, y luego comprar la versión completa. Como operador de divisas, es vital disponer de un automatismo para tus transacciones en Forex.

Básicamente hay dos tipos de software: basado en la web y basado en el escritorio. Tú eliges qué programa necesitas, y siempre eres tú quien sabe lo cómodo que te sientes cuando utilizas un determinado programa para tus intercambios.

Independientemente del tipo de software en el que hayas decidido confiar, debes saber que la velocidad de Internet es esencial. Es sumamente importante que tu conexión a Internet sea de alta velocidad, para mantenerte alejado de cualquier retraso informativo, que de lo contrario podría provocar una catástrofe financiera.

El software de sobremesa trabaja con datos almacenados en el disco duro del ordenador. Aunque la información esté en el disco, es necesario protegerlo de cualquier posible accidente, virus o piratería informática.

Se recomienda encarecidamente que sólo se utilice un ordenador para operar con divisas. También hay ordenadores diseñados específicamente para este fin, pero son bastante caros.

El software basado en web difiere en que la seguridad debe ser responsabilidad del proveedor. Es más cómodo de usar, ya que no hay que descargar ningún programa. Además, puedes gestionar tus transacciones Forex desde cualquier parte del mundo. Sólo necesitas una conexión a Internet para acceder a tu cuenta.

Además de estas diferencias, también hay un precio. Mientras que el tipo de escritorio sólo paga una vez al comprar el software, el tipo basado en web requiere una cuota mensual para el mantenimiento del sistema.

Cada tipo de software tiene sus ventajas e inconvenientes. Ni lo uno ni lo otro es bueno o malo. El que se adapte a tus necesidades es el mejor para ti. Sin embargo, es importante disponer de un software automatizado de negociación en Forex que proporcione acceso en tiempo real a los datos y cambios del mercado.

CAPÍTULO 5: PRINCIPIANTE FOREX - CÓMO ABRIR UNA CUENTA FOREX

A diferencia del mercado de valores, la negociación en Forex no tiene lugar en un lugar físico ni cuenta con una bolsa central.

Así, un operador de Forex puede operar dondequiera que esté, las 24 horas del día para

¡5,5 días a la semana! No es de extrañar que el trading en Forex resulte tan atractivo para muchos nuevos inversores. Para empezar a operar en Forex, primero hay que abrir una cuenta de operaciones online, donde se realizarán todas las transacciones de divisas.

Abrir una cuenta Forex implica tres sencillos pasos:

- Elección de un sitio adecuado para operar en Forex

Hay dos cosas que debes tener en cuenta a la hora de elegir el sitio de comercio Forex adecuado para ti. La primera es el apalancamiento que ofrece el sitio. Cada sitio ofrece un apalancamiento diferente, que puede variar desde 50:1 hasta 250:1.

Un factor de apalancamiento de 50:1, por ejemplo, permitiría a una persona con 1.000 $ en su cuenta operar con 50.000 $ en el mercado Forex. Aunque esto puede permitirte obtener grandes ganancias con pequeñas inversiones, también puede amplificar tus pérdidas si una operación se mueve en tu contra.

Es importante comprender los riesgos que conlleva a la hora de determinar el apalancamiento que se va a utilizar. Además, el sitio de negociación debe estar libre de comisiones, ya que no es necesario pasar por terceros, como los agentes de bolsa.

Examina bien el sitio antes de decidirte para asegurarte de que ofrece las prestaciones que necesitas.

- Elegir un tipo de cuenta adecuado

Las cuentas de negociación en divisas están disponibles en diferentes tamaños, desde 25 USD (cuentas micro/mini) hasta 10.000 USD (cuentas estándar). Elige el tamaño de la cuenta en función de la cantidad que quieras invertir.

Elige la cuenta de operaciones Forex al contado, que permite operar al instante y es más popular, en lugar de una cuenta de futuros.

- Registrar una cuenta de negociación en Forex

La mayor parte del registro se realiza en línea y requiere los datos personales y de tu tarjeta de crédito para los intercambios de dinero real. Asegúrate de introducir correctamente tu dirección de correo electrónico.

- Activa tu cuenta de operaciones Forex

Se te pedirá que verifiques tus datos a través de varios pasos. Asegúrate de leer y comprender las condiciones antes de firmarlas en línea. Presta especial atención al horario de funcionamiento del sitio, a la disponibilidad de asistencia técnica en directo y a cualquier tasa o cargo oculto.

Algunos sitios también ofrecen una cuenta de demostración por tiempo limitado sin dinero real. Puedes utilizarlo para familiarizarte con las operaciones en Forex antes de operar con dinero real. ¡Enhorabuena! ¡Ahora estás listo para entrar en el mercado Forex!

Entender la jerga de Forex

Una de las mayores frustraciones de los operadores de Forex es la enorme cantidad de jerga. Buscar estos términos en Google tampoco parece ayudar, porque las explicaciones suelen contener otra jerga.

Esta sección explicará cinco términos técnicos comunes utilizados en el comercio Forex en lenguaje llano.

- **Presupuesto:** Las operaciones en divisas siempre se realizan por pares y, por tanto, una divisa siempre cotiza frente a otra, por ejemplo, USD/JPY, EUR/USD, AUD/GBP. Una cita sería así USD/JPY = 100.00.

La divisa de la izquierda (en este caso, el dólar estadounidense) se conoce como "divisa base" y siempre equivale a 1 unidad, mientras que la divisa de la derecha (en este caso, el yen japonés) se denomina divisa de cotización o contravalor.

Una cotización es lo que vale una unidad de la moneda base, por lo que esta cotización en concreto significa que 1 USD puede comprar 100,00 Yenes japoneses.

- **Pip:** significa "porcentaje en punto", que es el incremento más pequeño de una operación en Forex. Los precios en el mercado de divisas siempre se cotizan con el cuarto decimal, excepto en el caso del yen japonés; por ejemplo, cuando el EUR/USD sube de 1,5200 a 1,5201, sube 1 pip.

Para el yen japonés, 1 pip equivale a 0,01 (dos decimales). La mayoría de los pares de divisas cotizan entre 100 y 150 pipos al día.

- **Bid / Ask:** En Forex, hacer una oferta significa "comprar", mientras que "pedir" significa "vender". La cotización de la izquierda es el precio de oferta (compra), mientras que la cotización de la derecha es el precio de demanda (venta), y el precio de oferta es siempre inferior al precio de demanda. La moneda base sería la moneda en la que se realizaría la transacción.

Veamos el ejemplo, EUR/USD 1,2600/02. Vender este par de divisas significa vender la divisa base, es decir, el EURO. El mercado compraría tu 1 EURO de moneda base con 1,2600 USD. A la inversa, para comprar 1 EURO, necesitas 1,2602 Yenes japoneses.

- **Spread:** es la diferencia entre el precio de compra y el de venta. Utilizando el mismo ejemplo anterior, el diferencial era de 2 pips, que pagas automáticamente a tu broker en cada operación.
- **Margen:** Cantidad mínima de dinero necesaria para realizar una operación con un broker. Puedes operar siempre que tu cuenta tenga este importe mínimo, de lo contrario se cerrarían tus cuentas.

Comprender la terminología aumentará definitivamente tu confianza a la hora de negociar y discutir tus operaciones con otros operadores sin parecer un completo novato.

CAPÍTULO 6: ESTRATEGIAS DE ÉXITO PARA OPERADORES DE FOREX A TIEMPO COMPLETO

Si acabas de iniciar tu negocio en Internet desde casa como operador de Forex a tiempo completo y estás un poco confuso sobre cómo obtener buenos beneficios del mercado de divisas, entonces este capítulo es para ti.

Empezar un negocio desde casa en Internet como operador de Forex es muy fácil. Todo lo que necesitas es un PC con conexión a Internet, una cuenta de divisas y un software de negociación de divisas. Obtener beneficios regulares del mercado de divisas es tu objetivo principal y debes planificar tus estrategias en consecuencia para lograr tu objetivo principal.

El operador de divisas a tiempo completo debe conocer muy bien el mercado de divisas. No es posible saber y aprender en un solo día. Es el proceso y tienes que entrar en este proceso para tener éxito en el mercado de divisas. En primer lugar, intenta reunir toda la información posible de diversas fuentes relacionadas con el mercado de divisas.

Entonces busca el mejor curso de forex para ti y aprende las diferentes situaciones críticas del mercado de divisas y qué hacer en cada momento. Una vez que hayas terminado el curso de divisas, pon a prueba tus conocimientos y negocia utilizando cuentas ficticias de divisas. Las cuentas ficticias son el mejor amigo de los principiantes.

Aquí encontrarás situaciones reales del mercado de divisas para poner a prueba tus habilidades sin implicar ningún riesgo, ya que no juegas con dinero real. Una vez que hayas practicado con cuentas ficticias de divisas, ha llegado el momento de conseguir la cuenta de operaciones de divisas y la plataforma adecuadas para tus operaciones de divisas.

Se puede hacer consiguiendo los corredores de divisas adecuados que te ayudarán en todas tus actividades de comercio de divisas.

Debes recurrir a la ayuda de las alertas de Forex, pero tu fuente de alertas de Forex debe ser fiable y digna de confianza. Los avisos del mercado de divisas te ayudan a tomar la decisión correcta y, a veces, es útil comprobar tus previsiones con las predicciones de los expertos del mercado de divisas, que te ayudan a aumentar tu confianza en el mercado de divisas.

Debes ayudarte del análisis técnico de divisas para todas tus operaciones complejas en el mercado de divisas.

Estrategias de éxito para operadores de Forex a tiempo parcial

El mercado Forex es un mercado monetario. Millones y millones de personas vienen cada día a probar suerte. Algunas de ellas triunfan en el mercado, mientras que otras fracasan. A los que tienen éxito les encanta el estilo de negocio y lo convierten en su fuente habitual de ingresos, mientras que los que fracasan, abandonan el mercado de divisas y nunca vuelven.

Cuando me hago la pregunta: ¿cuál es la razón del éxito y del fracaso en el mercado de divisas? Sólo encuentro una respuesta: la estrategia. La estrategia correcta hace que un hombre tenga éxito, mientras que seguir una estrategia equivocada le hace fracasar en el mercado de divisas. Aquí vamos a hablar de estrategias de éxito para operadores de Forex a tiempo parcial.

Como todos sabemos, los operadores de forex a tiempo parcial son aquellos que sólo pueden dedicar un poco de su tiempo del día o de la semana al mercado de forex y quieren obtener buenos beneficios en el mercado de forex. Por lo tanto, tienen que planificar sus estrategias en consecuencia y ejecutarlas correctamente para tener éxito en el mercado.

Tienen que utilizar la plataforma de forex automatizada en lugar de la plataforma de forex normal para sus actividades de trading en forex. La plataforma automatizada de divisas ahorra tiempo al operador al generar automáticamente operaciones en las mejores condiciones de negociación posibles del mercado y, además, hace que el operador gane dinero de forma constante y regular en el mercado de divisas.

La mayoría de los operadores de divisas a tiempo parcial utilizan la ayuda de las alertas de divisas para sus operaciones en el mercado de divisas. La alerta forex es el consejo pagado o gratuito de los expertos forex a los operadores forex para operar en el mercado forex.

Tienes que conseguir la alerta de divisas y tiene que ser de una fuente fiable y de confianza. Puedes aprovechar al máximo tu plataforma automatizada de Forex combinándola con alertas de Forex fiables para conseguir mejores resultados en el mercado de divisas.

CAPÍTULO 7: 34 CONSEJOS PARA OPERAR CON ÉXITO EN EL MERCADO DE DIVISAS

Sin duda, el trading implica mucho más de lo que contienen unos breves consejos.

Necesitas un sistema de negociación sólido, aumentado por la experiencia, un espíritu valiente y, por supuesto, capital.

Pero, para la mayoría de las personas que acaban de empezar a operar, y para otras que pueden estar perdiendo la alegría y la confianza debido a grandes descensos, aunque esperemos que temporales, de los valores del mercado, una visión general básica puede devolver la claridad a tus operaciones.

Teniendo esto en cuenta, te presentamos algunos consejos que esperamos te ayuden a navegar por estas apasionantes aguas financieras:

1. Si una posición muestra actividad negativa, no aumentes el riesgo entrando más a fondo.

Esto es lo mismo que el viejo dicho de los comerciantes: Nunca añadas a una operación perdedora".

2. Nunca dejes de decidir un stop y un objetivo de beneficios antes de entrar en una operación. Utiliza tu conocimiento del mercado para determinar la colocación de los stops, no la cantidad de dinero que tengas disponible en tu cuenta. No es posible realizar la operación si un stop adecuado es demasiado caro.

3. Ten en cuenta el privilegio de una posición. No se debe hacer un juicio de mercado cuando ya se está en posición. Una vez que estés en una posición, todas tus decisiones de añadir a la posición, proteger la posición o salir de la posición ya deberían estar tomadas.

4. A veces las circunstancias cambian y cuando lo determinas, tomas la decisión de salir de una operación. No des por sentado que puedes simplemente elegir el precio con el fácil plan de salir al mercado.

Un ejemplo de esto es cuando se produce una gran noticia sorpresa después de un gran acontecimiento. Esto puede llevar el nivel aceptable de volatilidad más allá de lo que funciona con tus métodos de negociación.

5. No compres un mercado aburrido en un mercado bajista y no vendas un mercado aburrido

mercado alcista.

Traducido de forma sencilla, esto significa que si no hay impulso en una dirección u otra, la posibilidad de seguir la tendencia necesaria para obtener beneficios es escasa. Introduce las operaciones que hayas determinado que tendrán más posibilidades de éxito.

6. Cuando el mercado es muy volátil o experimenta falta de liquidez, no se debe operar. Incluso cuando exista la posibilidad de una volatilidad extrema, hay que actuar con cautela.

Aunque los movimientos volátiles del mercado tienen potencial para grandes ganancias, pueden ser demasiado impredecibles. Evita siempre los riesgos innecesarios al operar.

7. Es importante tener en cuenta que los mismos sistemas de negociación no siempre funcionan tanto en mercados alcistas como bajistas. Si tienes un sistema de negociación en Forex que sigue la tendencia, debes ser consciente de que siempre existe la posibilidad de que no funcione admirablemente en los mercados laterales.

8. Tienes que adaptar tu estrategia de negociación a cada tipo de mercado: alcista, de rango limitado y bajista. Lo ideal, con un sistema de negociación de seguimiento de tendencias, sería evitar por completo los mercados laterales.

No hay nada malo en que un sistema de seguimiento de tendencias "se haga a un lado" durante los mercados laterales... de hecho, es preferible que se haga a un lado.

9. Elige operaciones que se muevan junto con el modelo de mercado dominante. Aunque los modelos de mercado ascendente y descendente son siempre distinguibles, uno u otro es siempre el más dominante. Por ejemplo, durante un mercado alcista, se toman repetidamente señales de venta, sólo para ser detenidas respectivamente.

Todo esto se remonta a la afirmación intemporal: La tendencia es tu amiga". Operar en la dirección con mayor probabilidad de éxito es simplemente sentido común. Esto no quiere decir que no se pueda desarrollar un sistema de contrataque que pueda ser rentable.

10. Una señal de venta no es más que una señal de compra fallida; una señal de compra no es más que una señal de venta fallida.

11. ¡Siempre es mucho menos difícil entrar en una operación perdedora!

12. Sigue tus instintos; si no te sientes cómodo con algo, no negocies.

13. Cuando oigas consejos sobre el comercio en Forex, ignóralos. Ve con lo que conoces y que es el sistema de negociación en el que has tenido tiempo de desarrollar confianza.

14. Los acontecimientos actuales en las noticias sólo son significativos cuando NO empujan al mercado en la dirección de las noticias.

15. Ganas un mínimo de comprensión cuando lees hoy el periódico de ayer, armado con el conocimiento de la actividad del mercado de hoy. Te das cuenta de que la actividad del mercado de ayer no influye en la de hoy.

16. Nunca tomes tus decisiones de negociación basándote en la dirección de una brecha. El mercado no debe obligarte a hacer una operación.

17. Utiliza la regla de "entra tarde, sal pronto", teniendo en cuenta que el primer y el último ticks son, con diferencia, los más caros.

18. Sales cuando te das cuenta de que todos los demás están dentro.

19. No aumentes tu factor de riesgo negociando cuando estés enfermo. Comerciar ya es bastante agotador sin el estrés añadido de no sentirse bien. Evita operar cuando haya algo que pueda afectar a tu disciplina de negociación.

20. Tu unidad de negociación sólo debe cambiarse cuando tengas un plan de objetivos alcanzados. Debes establecer un plan de reducción para los momentos en que el mercado tenga menos volumen o tu operativa esté un poco apagada.

Un buen sistema de gestión del dinero forma parte de cualquier buen plan de trading. Reducirá el tamaño de tu posición cuando tu sistema de negociación no esté sincronizado con el mercado y aumentará el tamaño de tu posición cuando tu sistema de negociación esté sincronizado con el mercado.

21. No seas engreído ni jactancioso en modo alguno. Disfruta de tu éxito comercial

con orgullo y modestia.

22. Juzga tu éxito por el crecimiento de tu capital a lo largo del tiempo y no por el éxito de operaciones individuales. Incluso un mal comerciante puede tener una racha ganadora.

23. Tomarse un descanso de la negociación durante un día suele romper una racha de pérdidas.

24. Si estás en la cresta de la ola, ¡sigue adelante! Algo estás haciendo bien. ¿Por qué querrías parar? Cuando tú y tus métodos de negociación estéis en sintonía con los mercados, continúa tu racha ganadora.

25. Cuando tengas un mal día, apaga la pantalla del ordenador y busca otra cosa que hacer. No sigas trabajando cuando estés perdiendo, no tiene sentido.

Irse durante un tiempo no es algo fácil de hacer, pero es importante disciplinarse para hacerlo.

26. Los scalpers reducen el número de variables que afectan al riesgo de mercado permaneciendo en operaciones o posiciones sólo unos segundos. Los operadores diarios reducen el riesgo de mercado operando por minutos.

Tiene mucho sentido que cuanto más pequeño sea tu objetivo de beneficios, más rápido se alcanzará. Esto es lo que atrajo a muchos al day trading. Si este estilo de comercio te interesa, ten en cuenta lo siguiente:

Mayor frecuencia de negociación = mayores costes de transacción

27. La decisión de convertir una operación scalp o de un día en una operación de posición significa que no has comprendido bien los riesgos de la operación.

28. No dejes que una oportunidad perdida te perturbe.

Las oportunidades están a la vuelta de cada esquina.

Cada día hay nuevas oportunidades. A muchos nuevos operadores les gusta hablar del mucho dinero que dejaron sobre la mesa.

Los operadores experimentados están contentos de haber sacado su tajada de la acción del precio. Rara vez, por no decir nunca, obtienes el 100% del posible potencial de beneficios de CUALQUIER operación.

29. Es mejor aprender a operar en Forex que buscar una esquiva fórmula secreta.

30. No te fíes de los consejos de los demás porque probablemente no hicieron lo que

mucha investigación como hiciste tú.

Es una afirmación muy llamativa. A veces parece que la hierba es más verde al otro lado de la valla. Habrá días en los que parecerá que todo el mundo está al corriente menos tú. No dejes que esto te moleste. Si has hecho los deberes, llegará tu momento.

31. Establecer mentalmente la realidad de lo que ocurre, bueno o malo, arriba o abajo, afirmándolo en voz alta en medio de una mente llena de ideas preconcebidas.

Si tienes una operación perdedora, no tengas miedo de decírtelo a ti mismo: "¡Está claro que mi método de negociación no funcionó en esa operación, pero mi investigación me ha demostrado que si sigo por este camino tendré éxito!

32. La flexibilidad es absolutamente necesaria para tener éxito en el day trading. Tienes que ser un participante informado, que comprenda el potencial de mercado de ambos lados del mercado. Una persona que toma decisiones con conocimiento de causa hace negocios sabiendo cuál es el clima actual del mercado.

33. Delibera, incluso quéjate y confiesa tus errores de disciplina. Parece que seguirás cometiendo este tipo de errores durante muchos años, por lo que recordártelo puede retrasar lo inevitable.

34. Si esta lista te ha incomodado, entonces eres como muchos otros comerciantes en dos aspectos:

A. Tienes suficiente experiencia en negociación para comprender que los errores son tuyos, no del mercado, e intentas superar estas insuficiencias.

B. Por extraño que parezca, te has convertido en uno con el mercado. No puedes irte y no quieres hacerlo. Vayas donde vayas en la vida, SIEMPRE estarás pendiente del mercado.

CONCLUSIÓN

Operar en Forex puede ser divertido y tremendamente rentable, pero sinceramente, siempre es más divertido cuando es rentable.

En los ejemplos mostrados podrás comprobar por ti mismo que operar en Forex no tiene por qué ser complicado. Sí, requiere trabajo y dedicación, pero todas las cosas que tienen enormes recompensas potenciales requieren trabajo y dedicación.

Las reglas, consejos y técnicas que se exponen en este libro están diseñados para sentar las bases de una negociación exitosa. Algunas de ellas son normas rígidas que no debes ignorar en absoluto. Muchas de estas normas tienen que ver con la disciplina y el control de riesgos.

Sin ellas, simplemente no puedes tener éxito. Incluso si estás excepcionalmente bien capitalizado, puedes hacer desaparecer fácilmente tu cuenta sin control de riesgos.

Si te mantienes disciplinado, adecuadamente capitalizado y consciente del riesgo, el trading en Forex te ofrece la oportunidad de tu vida. Aprovecha

disponibles en Forex, combinados con una gestión adecuada del dinero, pueden hacer que una pequeña cuenta de trading crezca hasta niveles de capital que nunca creíste posibles. Por tu éxito en el comercio